Gabriela Kreter

Rote Karte für Nervensägen

Wie Schüler zu Unterrichtsstörern werden und was
Eltern und Schule gemeinsam dagegen tun können

Klett | **Kallmeyer**

Bibliografische Information der Deutschen Nationalbibliothek
Die Deutsche Nationalbibliothek verzeichnet diese Publikation in der Deutschen Nationalbibliografie;
detaillierte bibliografische Daten sind im Internet über http://dnb.d-nb.de abrufbar.

Impressum

Gabriela Kreter
Rote Karte für Nervensägen
Wie Schüler zu Unterrichtsstörern werden und was Eltern und Schule gemeinsam dagegen tun können

1. Auflage 2019
(erweiterte und aktualisierte Auflage des gleichlautenden Buches von 2007)

© 2019. Kallmeyer in Verbindung mit Klett
Friedrich Verlag GmbH
D-30926 Seelze
Alle Rechte vorbehalten.
www.friedrich-verlag.de

Redaktion: Stephan Lüke und Inge Michels, Bonn
Realisation: Matthias Schiller
Druck: BELTZ Bad Langensalza GmbH, Bad Langensalza
Printed in Germany

ISBN: 978-3-7727-1320-0

Gabriela Kreter

Rote Karte für Nervensägen

Wie Schüler zu Unterrichtsstörern werden und was
Eltern und Schule gemeinsam dagegen tun können

Klett | Kallmeyer

Um den Lesefluss zu erleichtern und nicht in diskriminierender Absicht steht im Text nur „Schüler" statt „Schülerinnen und Schüler" sowie „Lehrer" statt „Lehrerinnen und Lehrer" oder „Kollegen" statt „Kolleginnen und Kollegen".

1 Vorworte

1.1 Vorwort zur neuen Auflage

Im Juli 2017 befand ich mich zehn Jahre nach Ersterscheinen dieses Buches als Schulleiterin am Ende meiner Dienstzeit. 45 Jahre lang war ich Lehrerin im Benachteiligtenmilieu, die letzten zwölf Jahre davon als Schulleiterin. Zusammen mit meiner Vertreterin und einem engagierten Kollegium konnte ich mich lösungsorientiert und erfolgreich für die Bewältigung von Problemen einsetzen, die anderswo als unlösbar beschrieben werden. Für unsere trotzigen Bemühungen wurden wir vielfach verlacht. Dennoch bleibe ich dabei: Es gibt auch Lösungen für sehr schwierig erscheinende Situationen: Wir müssen sie nur finden!

Aktuell haben wir mit dem Aufflackern neuer Gewaltphänomene an vielen Schulen zu tun. Das kann nur jene überraschen, die noch nicht lange oder gar nicht im Schulbetrieb tätig sind. Der in den vergangenen Jahren stark verjüngten Lehrerschaft fehlt es in ihren Systemen an den Erfahrungen der früheren Jahre, als Mobbing in Form von Ausgrenzen, Quälen oder Schikanieren noch „analog" stattfand. Inzwischen haben Bedeutung, Schärfe und Leid durch die digitale Variante – „Cyber-Mobbing" – noch zugenommen. Nunmehr sind nicht nur Schulleitungen und Mediatoren gefragt. Auch die Systemadministratoren der Schulen müssen einschreiten, wenn ein in Not geratenes Kind bei der Erstellung von Screen-Shots, zur Enttarnung von Fake Accounts oder entwürdigendem Bashing technische Hilfe benötigt. Wie in früheren Jahrzehnten, als gewalttätige Übergriffe „nur" auf Schulwegen oder an Bushaltestellen sichtbar oder nachvollziehbar wurden, müssen Erwachsene für Kinder und Heranwachsende Präsenz zeigen und ihnen beistehen.

Die noch als „neu" bezeichneten Herausforderungen durch Cyber-Mobbing sind aber nur scheinbar neu. Ihnen gerecht zu werden, erfordert, genau die bekannten Verfahren abzurufen, die schon seit vielen Jahren als Lösungswege gespurt sind. Pädagogen und Eltern sollten sich auf Wege verständigen, wie sie professionell handeln können. Dazu zählen ausformulierte Wertehaltungen in den Leitbildern und Erziehungskonzepten der Schulprogramme, sichtbare Zivilcourage im Alltag, Anti-Mobbing-Konventionen, Streitschlichtungen, Täter-Opfer-Ausgleiche und weitere Verfahren, die diesen gleichen.

Meine ersten Erfahrungen als Lehrerin mit Schülergewalt machte ich gegen Ende der 70er-Jahre, als Rambo- und Zombie-Filme das Vorbild für üble Grenzüberschreitungen auf Schulwegen und Pausenhöfen gaben. In Erinnerung geblieben sind mir vor allem das Grundschulkind, das einem anderen in die Wade biss, um zu erfahren, wie Menschenfleisch schmeckt, aber auch der etwas ältere Junge, der auf dem Schulhof die Kinder ohne Vorwarnung mit Karatesprüngen angriff, wenn sie auf einem Balken balancierten. An meiner eigenen Schule war es in den späten 80ern „Der Prinzipal", ein Film des Regisseurs Christopher Cain mit James Belushi in der Hauptrolle, der eine multikulturelle Schülerbande zu Randalen und Vandalismus ermutigt hatte und damit ihre Lehrerschaft an ihre Grenzen brachte.

Bei Phänomenen wie diesen mit der Ursachenforschung bei der Unterrichtsqualität des lehrenden Personals anzusetzen, war schon damals abwegig und ist es bis heute geblieben. Konkreter Auslöser von Gewaltexzessen an meiner Schule war damals das unsensible Vorgehen von städtischen Entscheidungsträgern bei Schulzusammenlegungen. Und die Schüler, die wie Spielfiguren auf einem Brett zusammengeschoben wurden, machten auf ihre Weise klar: „Wir sind Menschen mit Gefühlen. Hört unsere Stimme. So wollen wir nicht behandelt werden." Gewalt an der Schule ist eine Ausdrucksform, für die Schülern die Sprache fehlt: Sie können sie aber nutzen, wenn man ihnen zu einer geeigneten Kommunikationsform verhilft.

Als Folge ähnlicher Berichte aus anderen Landesteilen legte in den 90er-Jahren die Staatliche Lehrerfortbildung in NRW ein Moderatorenprogramm zur Gewaltprävention auf. Im Rahmen der Praxiserfahrungen an allen Schulformen wurde bald deutlich, dass Gewalt an Schulen keine Seuche ist, der man sich kaum erwehren kann. Im Gegenteil: Schon damals war evident, dass man durch nur drei strategisch durchdachte Organisationsmaßnahmen zu Recht und Ordnung zurückkehren kann. Sie lauten:

1. Bestandsaufnahme durchführen und ein transparentes Regelwerk auflegen einschließlich eines Maßnahmenkataloges, der Anwendung finden muss, wenn sich einer nicht an die Regeln hält.
2. Hinschauen und Eingreifen, wann immer ein Kind mit dem Rücken zur Wand steht: Den Darstellungen Glauben schenken, von denen betroffene Schüler erzählen. Einmal zu viel hingeschaut, ist harmlos, einmal zu wenig zerstört das Vertrauen der Kinder in Ihre Rolle – ganz gleich, ob Sie als Mutter, Vater, als Lehrer oder Schulsozialarbeiter angesprochen werden.
3. Keinen Schüler mit seinen Problemen allein lassen: Aufsicht verstärken, wann immer es sein muss, und für Betroffene Wege transparent machen, die sie vertrauensvoll gehen können, wann immer sie nicht mehr weiter wissen und die Hilfe außerschulischer Institute benötigen.

Die Umsetzung dieses Dreischritts erfordert die Mehrarbeit etwa eines halben Jahres. Als Schulleiter können Sie dann zusammen mit Ihrem pädagogi-

schen Team Ihre Schule wieder „im Griff" haben. Das Vertrauen der Elternschaft in Ihre Professionalität wird kolossal ansteigen.

Die Beispiele und Fallgeschichten von 2007 habe ich in der Neuauflage
übernommen, soweit sie als typisch gelten können und mit Austausch von
Namen und Orten so oder ähnlich immer noch stattfinden können. Aber
mehr denn je plädiere ich heute dafür, dass sich die erwachsenen Repräsen-
tanten an Schulen überzeugend gegen jegliche Form von Gewalt an Schulen aufstellen: Damit müssen sie aktiv zum Kinderschutz beitragen.

Antisemitische Vorfälle gab es in den vergangenen Jahren nicht nur an
Berliner Schulen. Wegen der grauenhaften deutschen Historie messen Öffentlichkeit und Politik diesen Vorfällen besondere Bedeutung bei. Tatsächlich muss aber jeder Übergriff auf einen wehrlosen Menschen beschämen.
Seit den Erfahrungen meiner frühen Lehrerjahre habe ich nach Verfahren
gesucht, die ermöglichen, dass der Täter die Beschämung seines Opfers
spiegelgleich erfährt. Nur so kann er Mitgefühl entwickeln. „Bullies" – wie
„Mobber" in der Fachsprache genannt werden – nehmen sich übrigens zusammen, wenn ihre Lehrkräfte in klarer Sprache und schulöffentlich Stellung nehmen.

Dass die Opfer gewalttätiger Übergriffe ihre Schule verlassen, während
die Täter – ihre Peiniger! – bleiben dürfen, als sei nichts geschehen, ist ein
Unding. Egal, ob es sich dabei um einen rassistischen oder antisemitischen
Angriff auf Mitschüler, sexistische Parolen, homophobes Geschwätz, Kör-
perverletzungen oder seelische Kränkungen handelt.

Gabriela Kreter

Münster, März 2019

1.2 Auszüge aus dem Vorwort zur Erstauflage 2007

Liebe Kolleginnen und Kollegen,

während es früher eine Serviceleistung der Eltern war, ein wohlerzogenes Kind pünktlich zu Unterrichtsbeginn an der Schultür abzugeben, erleben wir heute in unseren Klassen täglich Schüler, die viel Energie darein stecken, sich laut, frech, verwöhnt und egozentrisch zu verhalten. Rücksichtslos buhlen sie um Aufmerksamkeit und stören eine produktive Lernatmosphäre. So verringern sie nicht nur die Bildungschancen lernwilliger Mitschüler, sondern auch ihre eigenen. Nicht zuletzt die Klassenclowns und Störenfriede sind es, die das Unterrichten so ergebnisarm und unbefriedigend machen.

Woher kommt das? Was ist eigentlich in den Familien los, dass vielen unserer Schüler nicht einmal mehr das „Kleine Einmaleins" des verträglichen Miteinanders bekannt ist? Verhaltensauffälligkeiten zeigen mittlerweile Schüler an vielen Schularten – bei weitem nicht nur diejenigen, die ich als Schulleiterin einer Hauptschule in einem „Stadtteil mit besonderem Förderbedarf" in den vergangenen 30 Jahren kennengelernt habe. Ich berate ihre Eltern in der „Elternschule Hamm", einem pädagogischen Netzwerk aus Schulen, Jugendamt und verschiedenen sozialen Diensten und Beratungsstellen, das Transparenz herstellt und Austausch darüber ermöglicht, welche Erziehung ein Kind braucht. Denn leider pflegen häufig sowohl Eltern wie auch Lehrkräfte ihre Vorurteile gegenüber denjenigen, mit denen sie in der Erziehung ihrer Kinder eigentlich an einem Strang ziehen sollten.

Als Lehrerin und langjährige Referentin in Elternseminaren weiß ich, dass in vielen Familien die immer gleichen Mechanismen greifen, die Erziehung inkonsequent werden lassen. In diesem Buch schildere ich klassische Situationen, an denen sich zeigt, dass vielen Eltern die „Basics" der Erziehung gar nicht bewusst sind. … Kein Wunder, dass sich schon bei kleinen Kindern Verhaltensweisen einschleifen, mit denen sie sich in ihren Familien erfolgreich gegen ihre Eltern durchsetzen und die uns Unterrichtenden später das Leben schwer machen! …

Schule muss heute nicht nur ihrem Bildungs-, sondern auch einem Erziehungsauftrag nachkommen: Sie gleicht Risiken aus, die manchen Schülern aufgrund ihrer Herkunftsfamilien entstehen, und beseitigt Erziehungsdefizite. Lehrkräfte sind oft die ersten Erwachsenen, deren Handeln Schüler als konsequent und gerecht erleben. Gute Autorität tut not: Schulen sollen von ihrem Recht Gebrauch machen, von ihren Schülern Disziplin und angemessenes Verhalten einzufordern, Grenzen zu ziehen und bei Verstößen gegen die Schulordnung Wiedergutmachung zu fordern. Welche Maßnahmen sich an meiner Schule bewährt haben, stelle ich im letzten Teil meines Buches vor.

Verschiedene Konfliktlösungsstrategien haben sich bewährt, wenn sie konsequent dem Opferschutz verpflichtet sind und … eine nachhaltige Verhaltensänderung der Täter bewirken (können). Ich führe dazu fast täglich Gespräche, von denen ich viele in diesem Buch im Wortlaut wiedergebe. …

Dieses Buch möchte Lehrern Mut machen zum Dialog mit den Eltern, die sich einen Bildungserfolg für ihre Kinder ebenso wünschen wie die Lehrkräfte, deren tägliche Aufgabe es ist, mit ebendiesen Kindern zu arbeiten.

Gabriela Kreter

Hamm, September 2007

2 Kommunikationsstörung: Eltern und Lehrkräfte reden aneinander vorbei

„Sie fordern für ihre Kinder unaufhörlich den Spaßfaktor. Sie wollen, dass Schule ist wie Kindergarten, dass die Show gut ist, dass das Entertainment stimmt – und das alles mit Abiturgarantie!"
(Eine erfahrene Grundschullehrerin)

„Wenn ich auf einem Elternabend in der Schule war, komme ich jedes Mal mit drei wesentlichen Botschaften nach Hause. Erstens, es ist alles ganz furchtbar, zweitens, keiner hilft den Lehrern, und drittens, lassen Sie Geld da, sonst können wir Ihre Kinder nicht mehr unterrichten!"
(Eine erfahrene Mutter)

Elternhäuser und Schulen haben Wertesysteme und Vorstellungen von Erziehung. Sie weichen jedoch häufig voneinander ab. Und irgendwann hat man aufgehört, sich um deren Diskussion und Abgleich zu bemühen. Wie das „Lehrerhasserbuch" der Lotte Kühn belegt, haben sich beide Parteien mit diesen Meinungen, Überzeugungen und Haltungen arrangiert. Der Dialog zwischen denjenigen, die eigentlich Partner in der Erziehung von Kindern sein sollten, wird viel zu selten geführt. Stattdessen begnügen sich Eltern und Lehrkräfte damit, ihre Vorurteile gegeneinander zirkulieren zu lassen.

In Lehrerzimmern redet man ständig über Eltern. In ihren Anspruchshaltungen erscheinen sie unbegreiflich, konsumierend, hedonistisch und fordernd. Obwohl viele Lehrer selbst Eltern sind, suchen und finden nur wenige den partnerschaftlichen Kontakt zu Vätern oder Müttern, deren Kinder ihnen Sorgen bereiten. „Gerade, die es am nötigsten hätten, sieht man ja nie in der Schule!" ist landauf, landab eine feststehende Redensart, die in ihrer trivialen Problematik richtig erkannt wird: Aber nur selten hat sie ein Lehrerteam dazu aufgefordert, die Bedingungen so zu ändern, dass sich alle Eltern in der Schule ihrer Kinder auch erwünscht fühlen können.

Wie die Lehrkräfte tauschen sich auch Eltern über die Schule ihrer Kinder aus, sei es morgens vor der Schule mit anderen Eltern, mit ihren Kollegen, in Telefonaten mit Freundinnen, auf Spielplätzen, an Kaffeetafeln oder Stammtischen, in der Supermarktkassenschlange oder in Elternchats. Oft ist man sich einig:

Lehrer sind ungerecht. Denn

- immer soll es unsere Tochter/unser Sohn gewesen sein.

- das war doch bei uns schon früher in der Schule so.

Zu Hause am Familientisch äußern Eltern ähnliche Einstellungen, wenn ihre Kinder von ihren Erlebnissen aus der Schule berichten. Es fallen Kommentare wie

„Deine Lehrerin ist doch zu dumm für dich."

„Diese Schulmeister sind doch alle nur Schwachköpfe!"

„Deine Lehrer sind doch selber schuld, wenn sie sich von dir an den Füßen kitzeln lassen."

Eltern, die sich in Gegenwart ihrer Kinder in dieser Weise ausdrücken, stehen ihren Kindern nur wenig hilfreich zur Seite. Denn sie können nicht verhindern, dass ihr Kind tagein, tagaus gerade zu dieser Lehrerin oder diesem „Schulmeister" in die Klasse gehen muss. Dabei mag ihre Empörung in Teilen sogar berechtigt und nachvollziehbar sein.

Wenn auf der einen Seite die Schule Respekt und höfliche Umgangsformen einfordert und auf der anderen Seite sich die eigenen Eltern spottend und verächtlich äußern – woher soll ein Kind wissen, wem es glauben und vertrauen kann? Wie soll es diese Widersprüche miteinander vereinbaren? Wer ist eigentlich der Maßstab für das eigene Verhalten? Und: Wie soll ein Kind lernen, Schulregeln zu akzeptieren, wenn sich die eigenen Eltern so despektierlich über die Schule äußern?

Indem Eltern die Autorität und Verlässlichkeit der Schule untergraben, irritieren sie ihre Kinder und riskieren, dass diese an der Schule in einer Art auffällig werden, die kommunikativ schwer aufzulösen ist. Das Verhalten der Eltern kann für ihre Kinder als Freibrief dafür gelten, sich ungezogen benehmen zu dürfen. Hier wirkt der einfache menschliche Verhaltensgrundsatz, dass die Erfahrung (der Kinder in ihren Elternhäusern) der Belehrung (in der Schule) überlegen ist.

Einseitige Parteinahme der Eltern für das Recht ihres Kindes auf seinen Widerspruchsgeist hilft nicht weiter, wenn es sich im Kern um Renitenz, Respektlosigkeiten, Verweigerung, Rechthaberei und Egozentrismus handelt – Störfaktoren, die nicht nur Lehrkräfte an ihre Grenzen bringen. Auch sozial verträgliche Mitschüler sind verärgert.

Es gilt, die Eltern darüber aufzuklären, dass sie mit ihrer Parteilichkeit ihrem Kind nicht weiterhelfen. Eltern sind im Verhältnis zu ihren Kindern keine Anwälte. Die Schule ist auch kein Gerichtssaal. Mit den Kindern arbeitet pädagogisches Fachpersonal, dessen Anliegen es ist, vielen Kindern mit den unterschiedlichsten Ausgangsbedingungen Bildung, Ausbildung und Abschlüsse zu ermöglichen.

Lehrer möchten genau wie die Eltern, dass ihr Schüler eines Tages eine gute Qualifikation in den Händen hält, die ihm den Zugang in die Arbeitswelt verschafft. Deshalb sollten Eltern auch die andere Seite anhören und von sich aus die Meinung der Schule und der Lehrkräfte einholen. Es tut einem Kind gut, wenn Eltern mit der Schule ihres Kindes eine Erziehungspartnerschaft eingehen, sozusagen „an einem Strang ziehen"! Gerade, weil die Schule eine andere Perspektive als Mama und Papa einnimmt, können die Erkenntnisse für alle Beteiligten von Gewinn sein.

Damit Kinder in ihrer Schule klarkommen, können Schule und Eltern konkrete Erziehungs- und Bildungspartnerschaften vereinbaren. Beiderseits kann dazu beigetragen werden, was ja eigentlich beiderseitiges Anliegen ist: ein Kind in seinem Bildungsgang mit seinen Talenten optimal zu begleiten und zu fördern.

In der Kommunikation zwischen Lehrpersonen und Eltern geht aber schon seit vielen Jahren etwas schief. Als ich den ersten Elternabend als Mutter „von der anderen Seite" erlebte, empfand ich den Ton in der Elternschaft aggressiv, beleidigend für die Klassenlehrerin. Aus meiner Sicht trat sie untadelig auf.

- Ein Vater behauptete, die Autos der Lehrerinnen, mit denen sie morgens auf den Lehrerparkplatz führen, seien latente Tötungsinstrumente. Ob denn erst etwas passieren müsse, dass die Lehrerinnen ein Einsehen hätten: Sie könnten doch auch mit dem Fahrrad in die Schule fahren.
- Eine Mutter verlangte, die Lehrerin möge den Kindern keine fotokopierten Arbeitsblätter mehr nach Hause geben. Marco verknautschte sie in seinem Tornister und sie stände mittags am Bügelbrett, um ihrem Sohn die Arbeitsblätter zu glätten.
- Eine weitere Mutter machte die Lehrerin persönlich dafür verantwortlich, dass an Geburtstagen Süßigkeiten herumgereicht wurden. Sie müsse doch wissen, dass Zucker eine Droge sei. Deswegen setzte sich diese Mutter auch dafür ein, dass an der Schule nicht länger Kakao-Päckchen aus der Molkerei verkauft wurden.

Argumentationen in dieser Art sind in ihrer Anspruchshaltung so egozentrisch wie unberechtigt. Begründet wurden sie immer mit elterlicher Partizipation, die schulrechtlich erwünscht sei. Auch in der Neufassung des Schulgesetzes in NRW und den darauf folgenden, inzwischen schon 13 Schulrechtsänderungsgesetzen, ist m. E von administrativer Seite zu wenig berücksichtigt worden, an welchen Stellen Unterstützung fehlt:

- Trotz gesetzlich verordneter Schulpflicht gelingt es Eltern, ihre Kinder aus der Schulpflicht heraus zu schummeln: Das Überwachungsverfahren ist durch vorgeschriebene Mahnschreiben juristisch derartig kompliziert gestaltet, dass Kinder eher ihrer Schulpflicht entwachsen können, als dass ein Bußgeld fällig wird. Wenn aber ein Bußgeld tatsächlich fällig wird, sehen sich sogar Eltern, die mit ihren Kindern in Armut leben, eher in der Lage, den Geldbetrag aufzubringen, als ihre Kinder zum regelmäßigen Schulbesuch anzuhalten.
- „Alle Kinder essen mit" lautet der Slogan des NRW-Schulministeriums für Ganztagsschulen. Obwohl eine Schule in der Lage ist, die Finanzierung des Mittagessens für Schüler auch bei Zahlungsverweigerung der Eltern zu sichern, und obwohl unwidersprochen wahr ist, dass nicht nur ein voller, sondern auch ein allzu häufig leerer Magen nicht gern studiert, wird die Fortführung des Verfahrens nach zehn Jahren bewährter Praxis dienstaufsichtlich untersagt. Zur Begründung wurde „das verfassungsmäßige Recht der Eltern, über die Ernährung ihrer Kinder zu entscheiden" herangezogen. Denn wer nicht zahle, wolle angeblich nicht, dass

die Kinder in der Schulmensa essen – ein unerträglicher Euphemismus für diejenigen, die wissen, welche Kinder jetzt Hunger leiden.

- Seit das Recht der Eltern auf freie Schulwahl für ihre Kinder gestärkt wurde, ist die Anmeldezahl der Kinder an den höherwertig geltenden Schulen – Gymnasien, Realschulen, Gesamtschulen – beträchtlich angestiegen. Leider stieg damit auch die Zahl der Rückläufer von diesen Schulen an die Schulform Hauptschule, die man vorgeblich gar nicht mehr benötigte. Aber tatsächlich gibt es Eltern, die sich weigern, zu bedenken, dass die falsche Schulwahl fatale psychische Folgen für ihr Kind haben kann. Den Anschluss zu verlieren, weil man nichts mehr versteht und fortgesetzt schlechte Noten verkraften muss, kann sich vernichtend anfühlen.

Bei der Erfüllung der elterlichen Forderungen nach Mitbestimmung in der Schule, die schon fast ein halbes Jahrhundert besteht, konnten die Verfasser der Schulmitwirkungsgesetzgebung nicht voraussehen, in welcher Weise eines Tages versucht würde, Anspruchsrechte auszuweiten. Punktuell haben wir es mit Anspruchstellern zu tun, die ihre Mitspracherechte über ein sinnvolles Maß hinaus ausweiten.

Gelegentlich haben Eltern angeführt, ich argumentiere zu sehr mit Parteinahme für die Schule, die doch kein Mensch verteidigen könnte, der es mit Kindern gut meine! Schule sei ein von Grund auf kinderfeindliches System.

Mit Aufmerksamkeit habe ich schließlich verfolgt, dass es nicht nur Lehrer sind, die die Auswirkungen elterlicher Angriffslust bzw. ihres falsch verstandenem Engagements für die Kinderrechte spüren. Auch anderen Fachleuten sprechen Eltern gern ihre Kompetenz ab, z. B. Ärzten, die ihre Kinder behandeln. Ein Hals-Nasen-Ohren-Arzt erzählte mir, wie verloren er sich fühlt, wenn er Kinder in Anwesenheit ihrer Mütter behandeln muss.

Arzt: „Na, Simon, wie geht es denn so in der Schule?"

Simon: „Och ..."

Arzt: „Und deine Lehrerin – kann die mit dir zufrieden sein?"

Mutter: „Was geht Sie das denn an? Sie sollen meinen Sohn behandeln und nicht nach der Schule ausfragen."

Arzt (zu vierjährigem Mädchen): „Du bist schon im Kindergarten? Dann kannst du mir doch bestimmt schon ein Lied vorsingen."

Mutter: „Sind wir hier in der Schule hier oder was?"

„Ich frage dann immer nach", kommentierte der Arzt: *„Können Sie mir mal sagen, wie ich Ihr Kind behandeln soll, wenn ich mich mit ihm noch nicht mal über ein Thema unterhalten kann?"*

Lehrkräften hingegen fehlt es oft an vergleichbarem Selbstbewusstsein für die Vertretung ihres Fachbereichs. *„Erklären Sie mir bitte, wie ich Ihr Kind in der Fremdsprache unterrichten soll, wenn Sie es darin unterstützen, keine Vokabeln zu lernen!"*, müsste die vergleichbare Antwort an einen Vater lauten, der Verständnis für seine Tochter möchte, weil sie *„keinen Bock auf Lernen"* hat.

Einige der Kinder, die ich in diesem Kapitel erwähnt habe, sind inzwischen erwachsen und schon selber Eltern schulpflichtiger Kinder. Viele haben selbst nicht erfahren, dass Schule auch „Erziehung" als einen ihrer Aufträge wahrnimmt. Umso wichtiger ist es, dass Schulen erkennen, welche Professionalität sie im Verhältnis zu den Eltern ihrer Schüler aufbringen oder ggf. schulen lassen müssen: Gesprächsführung? Deeskalationstechniken? Beratungsstrategien? Konfliktbearbeitung? Andere?

Zusammenfassung

- Wir Lehrer sind die Profis. Deswegen können unsere Schülereltern von uns professionelle Gesprächsführung erwarten.
- Lehrer haben Recht, wenn sie darüber klagen, dass die Zahl der Eltern, die sich für die Wohlerzogenheit ihrer Kinder verantwortlich fühlt, niedriger ist, als sie es sich wünschen.
- Tatsächlich haben wir aber auch Kollegen, die ratsuchende Eltern regelrecht verprellen, indem sie wissend oder unwissend einfachste Techniken für das Gelingen eines guten Gespräches missachten.

3 Acht pädagogische Grundwahrheiten

„Wir sind nicht nur verantwortlich für das, was wir tun.
Wir sind auch verantwortlich für das, was wir nicht tun."
(Voltaire)

3.1 Kinder wollen beachtet werden

„Ihr Eltern, überfordert eure Kinder nicht, sonst werden sie mutlos!"
(Kolosserbrief 3.21)

Um im Mittelpunkt des Interesses ihrer Eltern zu stehen, strengen sich alle Kinder ungeheuer an. Sie brauchen Aufmerksamkeit, um gedeihen zu können. Das ist normal. Schon kurz nach seiner Geburt setzt das Kind Strategien ein. Hilfloses Weinen und Schreien, „Engelslächeln", alsbald gezieltes Lächeln, mit denen es ihm gelingt, den Mittelpunkt seiner Familie zu besetzen. Mütter und Väter können sich diesem Charme kaum entziehen. Mit der Zeit differenziert es weitere Artikulations- und Verhaltensmuster aus, die ebenfalls den Sinn haben, auszudrücken: „Schau mich an! Hier bin ich! Ich bin wichtig!" Bis zum Eintritt in die Pubertät sind die Eltern die wichtigsten Personen, von denen ihr Kind selbstverständlich annimmt: „Was meine Eltern tun und denken, wie sie handeln und umgehen, das ist gut und richtig."

Bis zur Zeit der Loslösung von seinen Eltern in der Adoleszenz durchläuft ein Kind wichtige Entwicklungsphasen, von denen auch moralische Kategorien betroffen sind – vor allem das Zugehörigkeitsgefühl zu gesellschaftlichen Gruppen. In der Zeit der Loslösung von den Eltern laufen dann die gleichaltrigen Freunde, Schulkameraden, Nachbarn, Verwandte den zuvor bedeutenden Erwachsenen ihren Rang ab.

Während die Pädagogik in Kindergärten und Grundschulen von dem noch unkritischen Blick auf die Erwachsenenwelt profitiert, müssen sich Eltern und Lehrkräfte zu Hause und in den weiterführenden Schulen darauf einrichten, dass das Mittelpunktstreben der Pubertierenden neue Formen annimmt. Dazu gehört vorrangig, dass Standpunkte, Entscheidungen, Handlungsweisen usw. jederzeit auf dem Prüfstand stehen.

Für den zivilisierten Umgang in jeglichen Gemeinschaften – Gruppen, Schulklassen, Verwandten- und Freundeskreisen – kann entscheidend sein, wie Eltern und Lehrer mit dem kindlichen Mittelpunktstreben umgehen:
- ob sie adäquat auf angemessenes oder unangemessenes Verhalten eingehen und dem Kind Erfahrungshorizonte und Lernzuwachs eröffnen. Die konsequente Verstärkung angemessenen Verhaltens hilft einem Kind, sich zu orientieren; oder
- ob sie sich selbst in wichtigen Tätigkeiten unterbrechen lassen, anstatt sich in solchen Situationen selbst wichtig zu nehmen. Wenn sich Erwachsene einem Kind aufopfernd unterordnen oder anbiedern, machen sie sich klein und laufen Gefahr, in der Pubertät Verachtung zu ernten; oder
- ob sie durch klares, abgegrenztes und berechenbares Verhalten mit Ich-Botschaften, die auf Schuldzuschreibungen verzichten, einem Kind die

Wichtigkeit im Leben einräumen, die es vorbildhaft erlebt, es stärkt und selbstbewusst macht; oder

- ob sie durch ständiges Verzichten auf eigene Ansprüche ihrem Kind den Status eines Goldenen Kälbchens verleihen, der dazu führt, dass es Bodenhaftung und Realitätssinn verliert und einen Trend zum Größenwahn ausbildet.

Auf ihren sechsmonatigen Säugling müssen Eltern unmittelbarer und intensiver eingehen als auf ihr sechsjähriges I-Männchen. Die zweijährige „Prinzessin" braucht mehr zeitintensive Zuwendung als der zwölfjährige „kleine Prinz", der schon (vor-)pubertär darauf hinweisen mag, dass gerade seine Eltern ihm nichts zu sagen hätten.

Wenn Kinder mit sechs Jahren in die Schule kommen, sind sie schon „Kinder mit Erfahrung". Seit ihrer Geburt haben sie sicher abrufbare Erfahrungswerte darüber gespeichert, welche Umgangsformen ihnen ihre Erwachsenen gestatten. Wenn diese sich nicht auskannten und ihren Kleinen viel Raum in der Welt der Großen gaben, wenn sich ihre lieben Kleinen jederzeit grenzenlos in Szene setzen durften, war dies

- sehr sinnvoll aus der Perspektive des Kindes, das gesehen werden will,
- doch sinnentleert aus der Sicht der Erwachsenen, denen der Kamm schwillt und die sich permanent fragen:
  - Wann wird dieses Kind endlich vernünftig?
  - Wann begreift es, dass es sich selber schadet?

Die wenigsten Eltern und mit ihnen die Lehrkräfte ihrer Kinder sind sich darüber im Klaren, dass sie selbst es sind, die mit ihren Kindern in einer Art Hamsterrad sitzen, für dessen Rotation und Beschleunigung sie gemeinsam sorgen.

Kleinkinder, die abends noch nicht ins Bett wollen, erreichen bei ihren Eltern todsicher die erwünschte Beachtung, wenn sie vortragen: *„Ich bin noch nicht müde / habe Hunger/Durst – muss etwas Wichtiges erzählen"* etc.

Eltern können aber situativ entscheiden, ob sie dann auf die interessanten Geschichten ihrer Kinder eingehen – oder auf ihr Recht bestehen, im Abendprogramm ihre eigenen interessanten Anliegen verfolgen zu können.

Kinder quengeln nicht nur beim Schlafengehen, sondern auch beim Aufstehen, Anziehen, Frühstücken, Tornister packen, beim Einkaufen, bei den Hausaufgaben, wenn Mutter telefonieren oder Vater fernsehen will. Immer dann, wenn Eltern Zeit für sich beanspruchen wollen, schaffen sie es immer seltener, ihren Kindern zu spiegeln, was diese eigentlich brauchen. Es ist die Botschaft: *„Du bist mir wichtig, und ich habe dich lieb. Jetzt telefoniere ich. Danach habe ich wieder Zeit für dich."*

De facto erlebt das Kind seine Eltern im Affekt. Sie sind ärgerlich bis wütend: „Verdammt noch mal! Nie kannst du mich in Ruhe lassen! Immer liegst du mir in den Ohren, wenn ich mit Oma telefoniere / fernsehe / mich mit Charlotte unterhalte / in ein Schaufenster gucken will."

So geschädigte Eltern haben schließlich emotionale Probleme, im Verhalten ihres Kindes noch eine positive Absicht zu entdecken. Sie fühlen sich in ihrer Elternrolle überfordert und ausgepumpt. Immer häufiger unterlassen sie Lob und Liebhaben, Schmusen und Knuddeln; gemeinsame Zeiten werden stressig erlebt – und die Kinder reagieren mit der Logik und nach Art der Kinder: „*Meine Eltern beachten mich nicht mehr. Ich muss dafür sorgen, dass ich wieder in den Mittelpunkt ihres Interesses gelange.*"

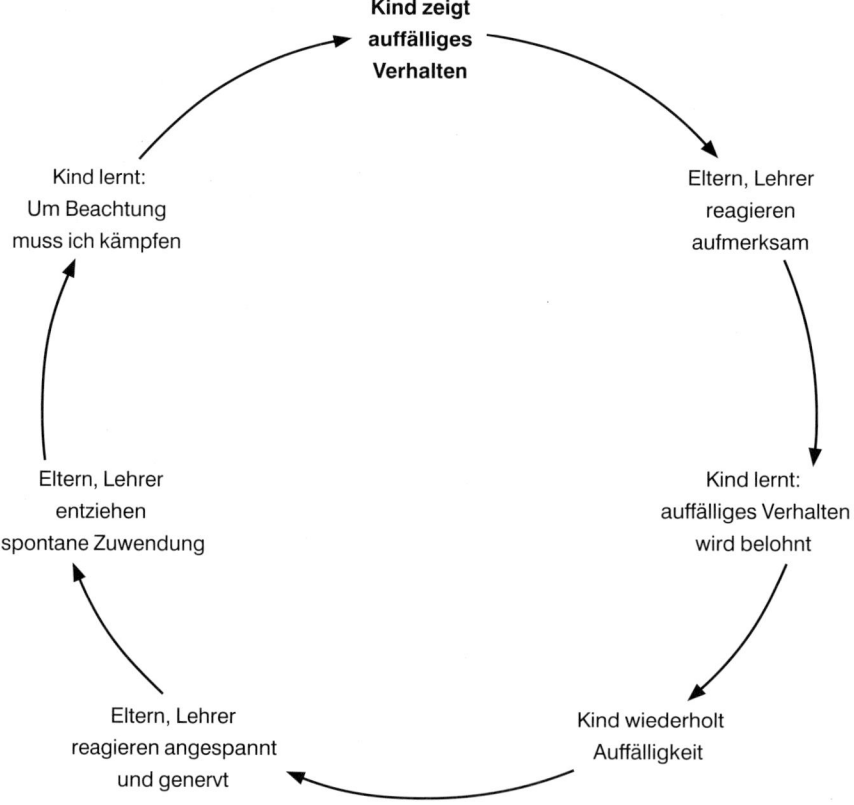

Also setzen sie ihr Quengeln fort. Wenn dann aber die erwünschte positive Zuwendung der Eltern nicht kommt, ist es jedem Kind lieber, die negative Dosis zu erhalten, als gar nicht beachtet zu werden. Daran arbeitet sich ein Kind ab. Es strengt sich an, indem es sich weiter auffällig verhält: an der Supermarktkasse, bei Familienfeiern, in Restaurants – überall, wo es Aufmerksamkeit erzeugen kann; und selbstverständlich auch in der Schule. Das in den Elternhäusern erworbene und eingeschliffene Verhalten ist für Lehrkräfte genauso schwer auszuhalten wie für die Eltern zu Hause. In der Schule sprechen wir von Disziplinlosigkeiten, Erziehungsdefiziten, dissozialem oder gar gewaltbereitem Verhalten.

Das ist auch der Punkt, an dem Lehrer und Eltern auf Augenhöhe ins Gespräch kommen sollten. Wenn es bei gegenseitigen Schuldzuweisungen bleibt, gerät das Kind in noch ärgere Irritationen als zuvor.

Zusammenfassung

Benimmt sich ein Kind zu Hause daneben, erhält es sein Quäntchen Aufmerksamkeit. Benimmt es sich in der Schule daneben, kriegt es sein ganzes Quantum – und bleibt so weiter neben der Spur.

Leider ist auch vielen Lehrern nicht klar, dass sie Konflikte deeskalieren können. Dies gelingt ihnen, indem sie „der Einladung" ihrer Schüler „ins Hamsterrad" ausdrücklich nicht folgen. Eltern mögen ihre „Profession" nicht kennen, aber die Profis müssen ihren Job machen: Erzieherinnen, Lehrer, Schulsozialarbeiter sollten wissen, wann es vorteilhaft ist, aus dem Hamsterrad der Eskalation auszusteigen. Ihre Arbeitsbedingungen in Schule und Unterricht werden sich vorteilhaft entwickeln.

3.2 Erziehung muss ermutigend sein

Gebt Achtung, wenn ihr Kinder lehrt,
dass ihr sie nicht zu sehr beschwert!
(Magnus Gottfried Lichtwer)

Ermutigung entsteht durch Lob. Lob muss echt sein und von Herzen kommen. Jeder Mensch besitzt Eigenschaften und Qualitäten, die lobenswert sind. Warum entbehren viele Schüler diese Form der Anerkennung dennoch? Ich weiß es tatsächlich noch nicht genau.

Je jünger ein Kind ist, desto selbstverständlicher sind Eltern noch zu anerkennenden Äußerungen bereit. Sobald ein Kind in die Schule kommt, neigen Eltern dazu, die Würdigung ihres Kindes von Schulnoten abhängig zu machen. Sie wertschätzen, vergleichen und lobpreisen ihr Kind im Zahlenspektrum zwischen 1 und 6, zwischen „sehr gut" und „ungenügend". Lehrer sind in der Schule verpflichtet, Bewertungen auf der Grundlage standardisierter Ziffern auszusprechen. In welchen Zusammenhang aber stehen rigorose Fernseh- und Freizeitverbote, verbotene Freundeskontakte oder Stubenarreste zu einer schlechten Note? Ich habe kein Kind kennengelernt, das Fünfen und Sechsen leichten Herzens hingenommen hat. Die Enttäuschung in den Gesichtern ihrer Eltern ist für sie eine zusätzliche Belastung und Bestrafung. Ein Kind, das mit schlechten Schulnoten nach Hause kommt, benötigt elterliche Hilfe, Unterstützungsangebote, aber definitiv keine weitere Schädigung des ohnehin angeknacksten Selbstwertgefühls. Eltern könnten auf eine schlechte Note z. B. so reagieren:

- „Sag mal, was genau hast du eigentlich in Mathe nicht verstanden? Als wir im Garten zusammen gerechnet hatten, fielen dir die Aufgaben doch leicht?"
- „Meinst du, dass ich dich vor der nächsten Arbeit unterstützen kann?"
- „Mathe war ja meine Stärke auch nie, aber Charlottes Tochter, Jennifer, ist zwei Jahre weiter als du, die magst du doch. Und Charlotte sagt immer, Mathe fällt Jennifer leicht. Soll ich sie einmal ansprechen?"

Lehrkräfte sollten es sich zum Prinzip machen, nur so selten wie möglich einen Schüler ohne Lob aus der Schule nach Hause zu entlassen. Tatsächlich haben wir aber leider eher eine Fehler- als eine Lobkultur an Schulen. Wir teilen unseren Schülern nicht mit, was sie schon alles können. Wir rechnen ihre Fehler auf.

Applaudieren kann man rituell in Klassen einführen, und zwar genau dann, wenn man als Lehrer in einer Klasse arbeitet, die höhnisch oder herabsetzend mit Beifall umgeht. Dann ist anzunehmen, dass gerade diese Kinder selbst auf dem Gebiet so verletzt worden sind, dass sie dringend einer Intervention, einer anderen Erfahrung, bedürfen, damit ihre Verletzungen heilen können. Unumgänglich ist in solchen Klassen zunächst die Einführung der Unterrichtsregel: „Ich lache niemanden aus" – mit der Konsequenz, dass derjenige, der es trotzdem tut, umgehend eine Auszeit zum Nachdenken erhält und dazu seine Klasse verlassen muss (siehe Seite 96 ff.).

Andererseits müssen Erzieherinnen und Lehrkräfte entmutigende Erziehung der Eltern ausgleichen, indem sie ihnen ausdrücklich widersprechen und auf positive Eigenschaften oder besondere Talente ihres Kindes hinweisen. In einer Elterngruppe fragte mich eine Mutter um Rat, weil ihr sechsjähriger Sohn „gar nichts" könne.

Ich: „Was meinen Sie denn, was er jetzt können müsste?"

Mutter: „Ja, was die anderen können, singen, malen, tanzen, schon mal seinen Namen schreiben – er kann nichts – nichts außer ackern."

Ich: „Was meinen Sie mit *ackern*?"

Mutter: „Er will den ganzen Tag draußen sein, auf dem Feld oder so. Oder meinem Mann helfen, wenn er Baumaterial für unser Haus anfährt, dann will er mit meinem Mann den Hänger abräumen. Ich sage immer: Komm rein, setz dich an den Tisch, üb für die Schule, du bist sowieso dümmer als die anderen Kinder. Aber er hört nicht. Er kommt jetzt in die Schule. Ich hab ihm schon gesagt, du kriegst nichts in deine Schultüte. Das hat er doch gar nicht verdient."

In einer anderen Gruppe klagten Eltern über ihr mittleres Kind, auch einen Jungen. Ihre Älteste war eine Tochter, die Jüngste ebenfalls, beide wurden von den Eltern als entzückende Geschöpfe beschrieben, aber der Junge in der Mitte „*tauge nichts*". Wie im ersten Fall blieb den Anwesenden der Atem stehen, als sie hörten, wie abwertend dieser Vierjährige beschrieben wurde. Schließlich griff eine Erzieherin ein:

Erzieherin: „Herr XY, jetzt möchte ich Ihnen aber widersprechen. Ihr Sohn kann nämlich eine ganze Menge. Heute Morgen zum Beispiel hat er den anderen Kindern in der Gruppe gezeigt, wie man Brennnesseln anfassen kann, ohne sich zu verbrennen."

Vater: „Ach – das mit den Brennnesseln – das ist doch nichts."

Neben diesen drastischen Beispielen entmutigender Erziehung existieren Varianten, die Mütter und Väter ausgesprochen gut meinen. Es stellt sich aber heraus, dass „gut gemeint" oft das Gegenteil von „gut" ist. Ein Beispiel

von grotesker Überbehütung erzählte mir der Mitarbeiter einer Erziehungs-
beratungsstelle:

> „Wenn ich acht-, neun- oder zehnjährige Schulkinder zu einer Stunde bestelle, um mir
> einen Eindruck zu verschaffen, werden sie von den Müttern in das Beratungszimmer be-
> gleitet. Mama schält das Kind aus seinem Anorak, stellt ihm den Stuhl zurecht und packt
> auch einen Rucksack aus: ‚Hier, Schatz, sieh her, hier ist deine Trinkflasche, zwei Riegel
> habe ich dir eingepackt, und einen Apfel. Du kannst aber auch einen Pfirsich essen. Den
> habe ich dir hier in eine Extra-Plastiktüte eingepackt, Liebling. Guck doch noch mal hin,
> damit du weißt, wo alles ist.‘

> „Ich frage mich dann immer, was in den Köpfen der Mütter vorgeht", sagte der Kollege,
> „und ich lasse es inzwischen an Deutlichkeit nicht mehr fehlen. Ich sage diesen Frauen
> in aller Schärfe: ‚Das packen Sie jetzt bitte alles wieder ein. Ihr Kind soll sich hier jetzt
> eine Stunde mit mir unterhalten. Da braucht es nichts zu essen und nichts zu trinken.
> Mein Gott! Eine Stunde ist das Kind hier bei mir im Büro und wird ausgestattet wie für
> eine Expedition.‘"

Mit Kindern, die „Opfer" solchen Vorgehens sind, haben wir es in der Schule
täglich zu tun. Eltern decken dabei ein breites Spektrum ab: Verwöhnen im
Sinne von Überbehüten, Verzärteln, Nachsehen, Übersehen, Weggucken,
aber auch Verletzen von Menschenrechten wie Geringschätzen, Demütigen,
Brüskieren, Kompromittieren und Entwerten.

Freundlich zuwenden, loben (wenn angebracht), anerkennen, heraus-
streichen, würdigen, ehren, Gutes nachsagen: Das sind einfache Erfolgsstra-
tegien, die pädagogische Bemühungen in Erfolgsgeschichten verwandeln
können. Erwachsene unterscheiden sich in ihren Bedürfnissen von denen
der Kinder übrigens nicht sehr. Ein Beispiel:

> **Schulleiter** zu einer Lehrkraft: „Also. Ihre 8b, die ist ja völlig außer Rand und Band. Wie
> wollen Sie überhaupt den Stoff für dieses Schuljahr schaffen, wenn Sie noch nicht ein-
> mal für Disziplin sorgen können? Das sollten Sie aber langsam besser im Griff haben.
> Wie lange liegt Ihr Referendariat eigentlich schon zurück?"

Wenn Sie die Lehrkraft der 8b wären: Welches wäre Ihre Reaktion? Errö-
ten, erstarren, innerlich aufbäumen, weinen, heulen, Zähneknirschen, Tü-
ren schlagen, Rückzug, endloser Tratsch im Lehrerzimmer mit Hypothesen-
bildung: „Der hat wieder Krach mit seiner Frau. Und ich muss es ausbaden."
Oder: Personalrat anrufen, nach Hause gehen, die eigene Familie tyrannisieren. Ähnliche Szenen spielen sich häufig auch zuhause ab:

Mutter zu ihrem Sohn/ihrer Tochter: „Wie du die Spülmaschine eingeräumt hast, ist ja wohl das Allerletzte. Wie lange bist du eigentlich auf der Welt, dass du das immer noch nicht kannst? Und dein Zimmer sieht wieder aus, als hätte eine Bombe eingeschlagen. Man sollte nicht meinen, dass du schon 15 bist."

Wenn Sie der Sohn oder die Tochter dieser Mutter wären: Wie würden Sie reagieren? Anders als die Lehrkraft, die von ihrem Vorgesetzten getadelt wurde?

Wäre es nicht für alle besser so:

Schulleiter: „Ich weiß, Sie haben eine schwierige Klasse übernommen, Frau Meier, aber Sie können das, da habe ich gar keine Bedenken. Sie sind genau der Typ, dem ich das zutraue. Und ich werde Sie auf jeden Fall unterstützen."

Das ist der Vorgesetzte, den wir schätzen, der uns motiviert. Welches Augenmaß würden Sie der Mutter raten, die ihren Sohn/ihre Tochter zur Mitarbeit im Haushalt motivieren möchte?

In Elternseminaren habe ich zeitweise Postkarten verteilt, die Eltern mit dem Aufdruck eines echten Lobs an ihre Kinder versenden konnten. Es handelte sich aber um eine Aufgabe, die bei den Teilnehmenden vorwiegend Blockaden auslöste. Die überwiegende Zahl der Eltern wollte es nicht tun. Sie zeigten sichtbare Anzeichen von Scham, wurden rot und wanden sich in Argumenten von Abwehr:
* „Da komme ich mir albern vor."
* „Ich weiß nicht, was ich schreiben soll."
* „Mein Kind glaubt mir das sowieso nicht."

In Fallberatungen mit Lehrern, die auf der Suche nach Lösungen aufgefordert werden, in kurzen Szenen das Loben ausprobieren, ist es ähnlich.

„Ich weiß wirklich nicht, was ich dem Schüler sagen soll. Und wenn ich irgendwas dahin rede, ist es ja auch nicht echt."

Wenn wir Kindern und Jugendlichen freiwillig Beachtung schenken, müssen sie nicht darum kämpfen; etwa, indem sie an der Supermarktkasse quengeln oder im Unterricht stören. Deshalb sollten wir keine Gelegenheit auslassen, unseren Kindern eine positive Rückmeldung zu geben: *„Das machst du/kannst du richtig gut."*
Lehrer können täglich stolze Röte auf die Wangen und Glanz in die Augen der Kinder zaubern, indem sie das Gute, das Gelungene, das Herausragende

25

der heranwachsenden kleinen Persönlichkeit benennen. So werden Kinder sicher. So gelingt ihnen etwas. So entwickeln sie Selbstwert, Selbstbewusstsein und Resilienz für neue Herausforderungen in ihrem Leben.

Weil ich weiß, dass sich viele Eltern mit Lob schwer tun – und Lehrkräfte in der Schule nicht minder –, mache ich ihnen Vorschläge, mit denen sie ihre Zauberkräfte überprüfen können und sie vielleicht durch eigene, behutsam eingesetzte Zaubersprüche ergänzen:

- „Das machst du so gut wie kein zweiter."
- „Wow! Das ist deine Begabung."
- „Ich bin beeindruckt, begeistert, hingerissen ..."
- „Jetzt hast du mich aber überrascht/beeindruckt."
- „Das ist ja faszinierend."
- „Du bist ein Vorbild für andere Kinder."
- „Das habe ich neulich in einer höheren Klasse durchgenommen – und von denen hat das keiner so gut gekonnt wie du/ihr beide."
- „Super!" „Exzellent!" „Klasse!" „Spitze!" „Toll!"
- „Wie schön du malst, aufräumst, singst, tanzt, schreibst, fabulierst, kletterst, abtrocknest, Rasen mähst, Unkraut jätest oder hilfst."
- „Ausgezeichnet! Wer kann das schon (in deinem Alter)?"
- „Du hilfst mir wie eine richtige Freundin/wie ein Profi."
- „Das machst du schon genauso gut wie Mama/Papa/Herr oder Frau Sowieso."
- „Alle Achtung. Wirklich gut gelungen."
- „So eine Überraschung. Du bist ja ein Zauberkind."
- „Hervorragend."
- „Das ist eindeutig deine Begabung. Dafür hast du echtes Talent. Davon profitieren wir alle in unserer Familie/in unserer Klasse/in unserer Schule."
- „Du hast uns heute ja Handwerkerkosten von 20/50/100 € erspart."
- „Du hast etwas angestellt und es wieder gut gemacht – das imponiert mir. So etwas können noch nicht einmal alle Erwachsenen."
- „Manch ein Erwachsener könnte sich von deinen Fähigkeiten eine Scheibe abschneiden."
- „Das hast du sehr gut ausgedrückt/ausgeführt/bearbeitet. Dafür schuldet dir die ganze Schule/unsere Klasse Dank."
- „In so kurzer Zeit – eine so tolle Leistung – ich bin beeindruckt."
- „Guck mal, du hast dir Zeit genommen, dich nicht hetzen lassen und es zu einem tollen Ergebnis gebracht. Du kannst was. Richtig schön ist das geworden."

Die Initiative „Haben Sie heute Ihr Kind schon gelobt?", die der Kinder-schutzbund schon vor 50 Jahren mit Plakaten und Aufklebern ins Leben rief, hätte nie in Vergessenheit geraten dürfen. Heute, ein halbes Jahrhundert da-nach, sind Kinder wie Erwachsene eher mit negativen Rückmeldungen ver-traut.

Zusammenfassung

Wie die Eltern ihren Kindern, können auch Lehrer ihren Schülern Glanz in die Augen und Röte auf die Wangen „zaubern". Nutzen Sie die Kraft des gesprochenen Wortes. Loben Sie Herausragendes, und betonen Sie die Talente der einzelnen. Sie spornen Ihre Schüler zu Lernen und Leisten an.

3.3 Niemand macht immer alles richtig

„Hinfallen ist nicht schlimm.
Du kannst ja wieder aufstehen.
Liegenbleiben ist schlimm!"
(nach Theodor Heuß)

Obwohl ich seit Jahren „beliebte Elternfehler" und „populäre pädagogische Irrtümer" referiere, ertappe ich mich manchmal ungläubig, dass sie mir selbst noch unterlaufen. Manche Erfahrungen sind zu sehr verinnerlicht, als dass man sie gerade im Affekt ignorieren könnte. Trotzdem gilt: Als Menschen sind wir lernfähig. Aus unseren Fehlern können wir lernen, und auch gegenüber den Fehlern der anderen dürfen wir großzügig sein.

Machen wir uns also klar, dass wir Kindern in der Schule Dinge abverlangen, zu denen auch Erwachsene kaum bereit sind:

- Kinder und Heranwachsende müssen in der Schule auf die Minute pünktlich sein.
- Sie müssen täglich mit 25 bis 30 Gleichaltrigen zuhören, lernen und Angelegenheiten erarbeiten, zu denen sie nicht zwangsläufig motiviert sind.
- Sie sollen vor Publikum sprechen/singen/präsentieren.
- Sie müssen stundenlang eigene Interessen zurückstellen.
- u. Ä.

Erwachsene sollten aber auch gerade gegenüber Kindern und Heranwachsenden nicht so tun, als seien sie selbst Gutmenschen; im vollen Bewusstsein, dass ihre Kinder Grenzüberschreitungen der Erwachsenen genau registrieren. Etwa, wenn sie,

- sich über Geschwindigkeitsbegrenzungen, Halteverbote oder Vorfahrtsregelungen im Straßenverkehr hinwegsetzen,
- ihre Anwesenheit am Telefon, beispielsweise vom eigenen Kind, verleugnen lassen,
- über ihre Nachbarn, Freunde und Verwandte schimpfen,
- Ausreden erfinden, Wasser predigen und Wein trinken,
- u. Ä.

Die brillante Kommunikationstrainerin Vera Birkenbihl hat viele Jahre lang für den kreativen Umgang mit Fehlern geworben. Als „typisch deutsch" stellte sie heraus: *„Um Himmels willen, ich habe etwas falsch gemacht, ich muss mich schämen."*

Sich zu schämen sei aber kein Weg für das Auffinden von Lösungen, sagt sie. Stattdessen müssten Menschen gleich welchen Alters Wege finden, mit ihren Fehlern konstruktiv umzugehen. *„Oh, wie interessant – hier ist mir ein Fehler unterlaufen. Der wird mir nicht noch einmal passieren, dafür werde ich sorgen"*, war einer ihrer überzeugenden Vorschläge.

Das Leben einer anderen Konflikt- und Fehlerkultur an deutschen Schulen brächte uns vielleicht auch bei den internationalen Vergleichsuntersuchungen einen Schritt voran. Ein positiver Umgang mit Fehlern könnte unser pädagogisches Handeln aufwerten und zur Aufwertung unserer Haltungen beitragen.

Ein Neuntklässler erzählte mir, dass er Lehrpersonen in zwei Rubriken einordne: Erstens: *„Voll korrekt"* und zweitens: *„Solche, die ich hasse."* Auf Nachfrage, um wen es sich bei dem gehassten Lehrer handele, antwortete er: *„Der mir schon im 1. Halbjahr sagt, dass ich sowieso sitzenbleibe – und der mir auf dem Flur immer ein Beinchen stellt."*

Definitiv sind es nicht nur Eltern, denen bizarre Erziehungsfehler unterlaufen. Im angeführten Beispiel war der betroffene Schüler spontan zu einer Streitschlichtung bereit, während sich der angesprochene Lehrer vehement wehrte, stattdessen mit *„Lügengeschichten, man weiß ja schon von wem"* und *„üblen Unterstellungen"* dagegenhielt; deswegen sogar lieber Polizei und Staatsanwaltschaft einschalten wollte. Ähnlich verhielten sich sexistisch gekränkte Lehrerinnen, auch maskuline Lehrer, die es nicht lassen konnten, sich mit muskelspielenden Schülern zu messen (*„auf die Wippe"* zu gehen) oder Pädagogen, die vorgeben, sich in der Schülerschaft im Sinne eines Retters und Erlösers umzutun. Lehrkräfte übertragen je nach persönlicher Verfassung im Beruf die persönlichen Wahrnehmungen, die aus ihrer Biografie erklärbar werden, aber professionell nicht sinnvoll sind. Wohlwollend betrachtet, ist so etwas nachvollziehbar. Dem Schüler wird man damit aber nicht gerecht.

Als Schulleiterin befand ich mich nicht nur einmal in grotesken Situationen, in denen ich mit anderen entscheiden musste, letztlich aber einem Schüler Unrecht getan habe: Einer war Pablo, Klasse 10. Ihm hatten wir ein halbes Jahr vor seinem Schulabschluss per Konferenzbeschluss die Androhung der Entlassung von der Schule ausgesprochen.

Frau B., die in seiner Klasse unterrichtete, war schreiend aus dem Klassenraum gelaufen. Auf ihrem Pult lag ein Revolver. Das Ereignis fand in einer Zeit statt, als an deutschen Schulen Amokläufe in aller Munde waren. Als ein Polizist bereits bestätigt hatte, dass es sich um eine Spielzeugpistole handelte, war die Lehrerin immer noch nicht zu beruhigen. Während alle Mitschüler schwiegen, bekannte sich Pablo dazu, die Pistole mitgebracht zu haben. Auf die Frage, was er sich dabei gedacht hatte, zuckte er mit den Schultern und sagte: *„Nichts."*

Am Tag der Zeugnisausgabe verabschiedete sich Pablo bei mir persönlich. Was sich ereignet hatte, erzählte er nun vollständig. Das Drama hatte eine Vorgeschichte. Man wusste in der Klasse, dass sich Frau B. gern ablenken ließ. Tagespolitisch waren „Amokläufe" angesagt, und dazu hatte jeder in der Klasse eine Meinung. Schließlich hatte einer nachgefragt: *„Frau B., nur mal angenommen, bei uns würde jetzt einer mit einer Pistole reinkommen und uns bedrohen: Was würden Sie denn dann machen?"* Frau B. hatte geantwortet: *„Das kann ich so nicht sagen. Ich müsste das erst mal erleben."* Nach der Stunde hatte die Klasse zusammengesessen und beratschlagt, wie man der Unerfahrenheit der Frau B. abhelfen könnte. Nach dem Vorfall, als alle erfahren hatten, wie Frau B. reagiert hatte, wären die Schüler wie gelähmt gewesen, und er, Pablo, hatte überhaupt als einziger noch sprechen können. So hatte er sich für seine Klasse als Besitzer der „Spielzeug"-Pistole schuldig bekannt. Seine Mitschüler wollte er auch im Nachhinein nicht mehr mit hineinreißen.

Zusammenfassung

Fehler im Umgang miteinander, also auch Erziehungsfehler, können wir wiedergutmachen. Auch pädagogische Fehleinschätzungen lassen sich korrigieren. Pablo hat meine Entschuldigung angenommen. Dass gerade Kinder und Heranwachsende große Vergeber und Verzeiher sein können, ist in der Schule eine erfreuliche und ermutigende Ressource, die konstruktiv genutzt werden kann: In ihren Meinungen und Urteilen sind sie noch lange nicht so verstrickt wie viele Erwachsene, offen für vielerlei Anregungen, neugierig und lernbegierig in alle Richtungen. Sie befinden sich in so unmittelbarem Kontakt mit ihren eigenen Emotionen, dass auch unsere Affekte für sie wahrnehmbar und verständlich werden können, wenn wir als Pädagogen ihnen etwas über unsere Beweggründe und inneren Antreiber mitteilen. Als Lehrer können wir an Glaubwürdigkeit, Verlässlichkeit, Reputation und Ansehen immer noch gewinnen.

3.4 Menschen brauchen Regeln

„Wer die Regeln umstößt, den überrollen die Ausnahmen."
(unbekannter Autor)

„Müssen wir heute wieder tun, was wir wollen? Oder dürfen wir heute mal machen, was wir sollen?" ist ein überlieferter Satz aus der experimentellen Kinderladenbewegung, der mit den Jahren Kult-Status erhielt. Die skurrile, weil spiegelverkehrte Rückmeldung eines Kindes zu dem, was die Kinderladenbewegung eigentlich beabsichtigt hatte, hat der Pädagogik einen Schub an Erkenntnissen über die Wichtigkeit von Grenzziehung und kindlicher Erfahrung geliefert.

Ob es generell „die Regeln" sind, die in einem Kinderleben die gedeihliche Entwicklung fördern oder abtragen – die Aussprache darüber ist redundant. Denn Kinder verhalten sich immer nach Regeln. Auch umfangreiche pädagogische Bemühungen können das nicht verhindern.

Wenn ein Kind nach der Regel verfährt *„Jeden Abend vor dem Schlafengehen räume ich meine Spielsachen ins Regal"*, finden Eltern das gut. Wahrscheinlicher ist allerdings, dass ein Kind sich nach der Regel verhält: *„Wenn ich sage, ich bin jetzt zum Aufräumen zu müde, dann erledigen meine Eltern für mich das Aufräumen."* Auch das ist eine Regel, an die sich ein Kind im Umgang mit „seinen Erwachsenen" halten kann, sogar ohne dass sie jemals ausgesprochen worden wäre.

Gelegentlich zu überprüfen, ob es gute Regeln oder schlechte Regeln sind, mit denen sich ein Kind eingerichtet hat, kann sich lohnen. Wenn Erwachsene ausschließlich ihre Kinder entscheiden lassen, nach welchen Regeln sie sich richten wollen, erweisen sie ihrer ganzen Familie einen Bärendienst. Für Besucher ist das Leben in den betroffenen Familien schwer zu ertragen, weil Tischmanieren, Hygienerituale, Ordnungskriterien oder Zeitstrukturen dann kaum eine Rolle spielen. Es kommt zu bizarren Situationen, die für Eltern immer unüberschaubarer werden. In Schulen und Schulklassen, wo man so verfährt, „tobt der Bär". Was auch immer Kinder tun, wir sollten daran denken: Ihr Regelwissen haben unsere Kinder im Umgang mit uns Erziehungsberechtigten erworben – und so wenden sie es an.

„Wenn morgens der Wecker klingelt, stehe ich auf und gehe ins Bad. Wenn ich aus der Schule nach Hause komme, esse ich kurz etwas. Dann mache ich meine Hausaufgaben. Abends um 20.30 Uhr gehe ich ins Bett. Ich lese noch eine halbe Stunde, dann lösche ich das Licht und schlafe ein." – *„Ja, davon träumen wir"*, seufzen Mütter und Väter in Elternseminaren. Denn zu Hause weht ihnen der raue Wind der Wirklichkeit ins Gesicht – durch Regeln, mit denen sich Kinder viel zu oft einrichten, etwa: *„Wenn ich Hausaufgaben ma-*

31

chen soll, quengele ich so lange, bis sich meine Mutter neben mich setzt und mir hilft. " Eine Mutter beschrieb das Aufstehritual ihres 14-jährigen Sohnes so:

> „Den Wecker überhört er souverän. Er wartet in großer Ruhe ab, dass ich fünfmal mit lockenden Rufen in sein Zimmer komme. Wenn die Zeit immer knapper wird, breitet sich umso größere Ruhe in ihm aus. Dann er weiß sicher: Meine Mutter chauffiert mich mit dem Auto direkt vor die Schultüre."

Der Vater einer 8-jährigen Tochter erzählte:

> „Abends, wenn sie ins Bett soll, hat sie ihren Auftritt nach dem Motto: Meine Eltern wollen ja, dass ich frühzeitig schlafe. Aber ich trage schließlich schon seit vielen Jahren profundes Wissen in mir, wie ich ihre Pläne zu meinem Vorteil durchkreuze."

Nicht anders ist es in der Schule. Ich kenne keine Schule, die keine Schulordnung hat, also ein Kompendium von Verhaltensmaßregeln, das die Aufgabe erfüllen soll, das Zusammenleben im Gebäude, auf dem Gelände, in den Klassen zu regulieren. In einer Schule gelten vernünftigerweise Regeln wie Folgende:

> „In den Fünf-Minuten-Pausen lege ich meine Materialien für die nächste Stunde bereit."

> „Wenn ich im Unterricht etwas sagen möchte, melde ich mich. Ich warte, bis ich aufgerufen werde."

> „Abfälle werfe ich in den Mülleimer."

> „Ich befolge die Anweisungen meines Lehrers."

Doch auch hier beobachten wir, dass Schüler sehr viel Zeit und Energie dafür aufwenden, diese Regeln aufzuweichen, sie zu umgehen oder sie durch eigene Regularien außer Kraft zu setzen:

> „Die 5-Minuten-Pausen brauche ich zum Toben, Schreien, Rennen oder Aufgaben-Abschreiben – es ist nicht nötig, dass ich mir meine Sachen bereit lege, denn dazu wird mir mein Lehrer während des Unterrichts Zeit geben."

> „Abwarten, dass ich aufgerufen werde? Ich bin immer die erste, die was sagt. Wie ich mich durchsetze, habe ich doch von klein auf zu Hause gelernt."

„Müll werfe ich da ab, wo ich gehe und stehe. Wozu gibt es denn Putzfrauen an der Schule?"

„Wenn ich aufgefordert werde, mich an einen Platz zu setzen, dann tue ich so, als hätte ich nichts gehört."

In Fortbildungsveranstaltungen habe ich viele Lehrer kennengelernt, die beklagen, dass sich ihre Schüler kaum an die geltenden Regeln halten. Die Ursachenforschung gestaltet sich hier ebenso einfach wie zu Hause. Lehrpersonen wie Eltern halten die Durchsetzung bestimmter Regeln gleichermaßen für wünschenswert und sozial angemessen; doch beide Parteien übertreffen sich großzügig und ausufernd an Entgegenkommen, Nachgiebigkeit und Toleranz, etwa nach dem Motto:

„Na gut, dieses eine Mal will ich mal eine Ausnahme machen und es nicht so genau nehmen – Großzügigkeit und Toleranz haben ja wohl noch nie jemandem geschadet."

Wenn eine Ausnahme von der Regel nicht Ausnahme bleibt, sondern zur Regel wird, wird die Regel zur Karikatur dessen, was sie eigentlich leisten soll.

Regeln dürfen nicht einfach nur für sich stehen. Man muss ihnen innerhalb eines überlegten und begründeten Wertesystems Geltung verschaffen – zu Hause und in der Schule. Toleranz und Großzügigkeit sind respektable Wertvorstellungen. Sie finden jedoch ihre Grenzen dort, wo Freiheit, Würde, Respekt und Empfindsamkeit einer anderen Person auf dem Spiel stehen, auch – oder gerade – die Empfindsamkeit der eigenen Person. An vielen Schulen und in vielen Familien ist das Ende der Schmerzgrenze zum Thema Toleranz schon lange erreicht, die Grenze zur Duldsamkeit vielfach überschritten.

Regeln in der Schule und in der Familie deklinieren das genuine Wertesystem. Sie verschaffen Übersicht und Orientierung, begründen Sicherheit und Verlässlichkeit. Sie sind durchsetzbar, wenn uns Erwachsenen klar ist, was wir tun können, wenn sich jemand nicht an unsere Regeln hält.

Was die Regelakzeptanz betrifft, haben sich im Schulalltag seit Jahren Zügellosigkeit und Verwahrlosung durch viele Missverständnisse und falsch verstandene Toleranz eingestellt.

Im Fußball ist ein Aus ein Aus und ein Tor ist ein Tor – darüber gibt es Lamento an Stammtischen und im Frisiersalon. Letztendlich aber weiß hier jeder, dass die Entscheidungen beim Schiedsrichter oder Videobeweis liegen.

Lamentieren und sich aus der Verantwortung herausreden, funktioniert auch im Straßenverkehr nicht. Wenn wir in eine Radarfalle geraten, möchten wir nachweisen, dass die Messung falsch war oder wir selbst gar nicht gefahren sind. Doch die Messgeräte und die Fotodokumentationen sind unbestechlich. Wir begehen Regelverstöße, obwohl wir in einer Führerschein-prüfung ziemlich umfangreiches Regelwissen nachweisen mussten, um überhaupt als Autofahrer Verkehrsteilnehmer werden zu dürfen. Auch in anderen Systemen sind bei Regelverstößen Maßnahmen üblich:

- Strafpunkte, Strafbank, Auszeiten im Sport
- Bußgelder, Knöllchen, Flensburger Punkte, Führerscheinentzug und Nachschulungen im Straßenverkehr
- Aufschläge bei Zahlungsverzögerungen
- Nachzahlungen in Übernachtungsbetrieben
- Hausverbote in Kaufhäusern oder in der Gastronomie etc.
- Sozialdienste bei Jugenddelinquenz
- etc.

Auch Schulen brauchen neben ihrem Regelkatalog ein Maßnahmenverzeichnis, das sie konsequent – und damit gerecht – anwenden.

Im Sport und im Straßenverkehr fährt man mit den eingeführten Verhaltensregeln weltweit ziemlich gut. Die Maßnahmen bei Verstößen werden akzeptiert. Diese Regelakzeptanz sollte auch in der Schule selbstverständlich sein. Aber die Erfahrung zeigt: Während Eltern bei Hotel- und Gaststättenaufenthalten, in Krankenhäusern und auf Flughäfen selbstverständlich die Hausordnungen billigen und ihre Kinder durchaus aktiv anhalten, entsprechend zu handeln, versuchen sie in den Schulen ihrer Kinder, durch kritische Gedankengänge Sonderrechte zu erwirken. Es kann nicht verwundern, dass es Schülern dann schwerfällt, sich regelkonform zu verhalten.

Wo Erwachsene ein Vakuum an Regeln schaffen, füllen Kinder es auf. Sie suchen sich ihre Regeln selbst. Die gefallen weder den Pädagogen in der Schule noch den Eltern daheim. Beide „Lager" glauben jedoch, dass sie dafür nichts könnten. Lehrer machen in der Regel die Eltern verantwortlich, die Eltern das Fernsehen, die Umwelt oder den schlechten Umgang ihrer Kinder. Es ist grotesk zu sehen, wie beiden der Blick für ihre direkte Beteiligung an der Misere fehlt.

Hier sind weitere Regeln, die Heranwachsende nach neugieriger, aufmerksamer und lernbegieriger Art der Kinder im Umgang mit uns Erwachsenen als gültig erlernt haben:

„Wenn ich den Fernseher/Computer/Videorecorder oder die Spielekonsole ausstellen soll, tue ich so, als ob ich nichts gehört habe."

„Meine Mutter redet ja nur, die macht ja nichts."

„Wenn meine Eltern wütend werden, stelle ich meine Ohren auf Durchzug."

„Wenn ich mich in der Schule an meinen Platz setzen soll, tue ich so, als hätte ich nichts gehört."

„Egal, was mir gerade einfällt, ich rufe es in die Klasse."

„Die Lehrer reden ja nur, die machen ja nichts."

Schüler wenden ihre Regeln so souverän und verhaltenssicher an, dass ihre Lehrer verzweifeln möchten. Am Regelerwerb der Kinder tragen sie jedoch Mitverantwortung: Obschon sich innerlich schon lange Widerstände meldeten, wurde regelwidriges Verhalten akzeptiert.

Wann immer sich ein Kind oder ein Jugendlicher nicht an die Regeln hält, die ein System für wichtig hält, müssen die verantwortlichen Erwachsenen wissen, was zu tun ist. Ist die Regel für das Kind zu wenig einsichtig? Versteht es ihre Bedeutung nicht? Oder ist die Regel so absurd, dass es sich nicht daran halten kann? Muss die Sinnhaftigkeit einer Regel neu überdacht werden?

Auf Regelverstöße müssen Konsequenzen folgen – aber keine Strafen. Eine gute Konsequenz unterstützt Kinder dabei, den Sinn der Regel besser zu verstehen, sie nachvollziehen zu können. Nach einem Regelverstoß wie etwa „Kaugummikauen" die Schulordnung abschreiben zu lassen, halte ich für eine sinnentleerte Strafe. Kein Schüler wird deswegen wissen, warum Kaugummi kauen in der Schule verboten ist. Eher wird uns der Schüler auf die Kaugummiwerbung im Fernsehen aufmerksam machen und erklären, dass er nur seine Konzentrationsfähigkeit steigern wollte. Derselbe Schüler wird aber sofort wissen, um was es geht, wenn er dem Hausmeister oder den Reinigungskräften dabei helfen muss, Flure, Teppiche und Mobiliar von Kaugummiresten zu befreien. Eine gute Konsequenz ist für den Schüler nachvollziehbar. Sie ermöglicht Ausgleich für die Person, die durch den Regelverstoß Nachteile oder Schaden in Kauf nehmen musste.

Zusammenfassung

Kinder und Heranwachsende brauchen Beständigkeit, Halt und Orientierung. Regeln sind ausformulierte Prinzipien für menschliches Miteinander. Sie sind ethisch zu vertreten. Sie sind struktur- und ordnungsstiftend. In der Schule werden sie nach Diskussion in Mitwirkungsgremien demokratisch verabschiedet. Aufgestellt und überwacht werden sie nicht, um Schüler einzuschränken oder sie zu schikanieren. Ihre Einhaltung wird an den Schulen überwacht, um zivilisatorisch jedem Einzelnen Sicherheit zu verschaffen.

Wenn Kinder gern mit ihren Erwachsenen diskutieren, brauchen Mütter, Väter, Erzieherinnen oder Lehrpersonen Klarheit, worüber überhaupt zu diskutieren ist. In Einrichtungen wie Schulen, Kindergärten und Jugendzentren haben Hausleitungen das Recht, Anordnungen zu erlassen, an die sich die Besucher zu halten haben. Nicht anders ist es in Krankenhäusern, Bahnhöfen, Freizeitparks und Restaurants. Wenn Erwachsene es zulassen, dass ihre Kinder „Muss"-Vorschriften durch Diskussionen aufweichen, machen sie sich und ihren Kindern ihr Leben unnötigerweise schwer.

3.5 Sicheres Verhalten der Erwachsenen orientiert ein Kind

> „Zwar man zeuget viele Kinder,
> doch man denkt sich nichts dabei.
> Und die Kinder werden Sünder,
> wenn's den Eltern einerlei!"
> (Wilhelm Busch)

Noch einmal sei es gesagt: Bis zum Erreichen der Pubertät vertreten Kinder den Glaubenssatz: Gut und richtig ist, was meine Eltern sagen, denken, fühlen, glauben, vertreten. Die Überzeugungen meiner Eltern sind auch die meinen.

In einem Seminar, an dem auch Großeltern teilnahmen, erzählte ein Großvater seine Erinnerungen, wie er 1945 als Vierjähriger mit seinem Vater im Bombenkeller in Bielefeld gesessen hatte. Er sei sicher gewesen: *„Mein Vater macht, dass die englischen Flugzeuge abdrehen und ihre Bomben woanders herunterwerfen."*

Als wir am Tag nach dem 11. September 2001 vor unseren Klassen standen, waren wir alle wie gelähmt, weil etwas Unfassbares geschehen war. Viele Schulkinder fragten: „Was passiert denn jetzt?" oder „Gibt es jetzt Krieg?" In einer 5. Klasse meldete sich ein 10-Jähriger und verkündete seiner Klasse im Brustton der Überzeugung *„Mein Vater hat gesagt, in Hamm-Hessen wird uns nichts passieren."* Die Klarheit und die Sicherheit, mit der hier ein Vater zu Hause seinen Sohn beruhigt hatte, reichten aus, eine ganze Klasse aufatmen zu lassen.

Mama und Papa können alles:

> „Die können mir meine sehnlichsten Wünsche erfüllen; die kennen sich auf der ganzen Welt aus; die wissen, wie man Geld aus der Wand zieht, eines Tages werde ich genauso groß und mächtig sein wie meine Eltern, das ist mein inständiger Wunsch."

Erwachsene – besonders Eltern und Pädagogen – verspielen eine Menge Kapital, wenn sie sich hier zurückhalten oder gar weigern, diese kindliche Vorstellung zu bedienen. Kinder sind von der Magie und Zauberkraft aller Erwachsenen überzeugt. Ihnen vertrauen sie blind. Deshalb sind sie auch so gefährdet, wenn skrupellose Menschen in ihrem Leben erscheinen. Deshalb ist es aber auch so unverständlich, wenn sich immer mehr Eltern um wichtige Entscheidungen für ihr Kind herummogeln und sich in einen Liberalismus flüchten, der für Kinder wenig hilfreich ist.

Viele Eltern begreifen sich leider nicht mehr als Inhaber eines gültigen Wertesystems. Stattdessen haben sie in liebevoller Absicht und mit idealistischen Visionen von der Freiheit des Einzelnen für sich Lockerungen und Toleranzzonen errichtet, mit denen sie Bequemlichkeiten für sich erreichen und den Spielraum ihrer Kinder erweitern wollen. Erreicht haben sie, dass sie selbst in die Rolle von Abhängigen und Gefangenen gerieten.

„Möchtest du zum Mittagessen lieber Artischocken oder Zucchini essen?", fragte die pädagogisch aufgeschlossene Mutter ihre Tochter, als diese knapp drei Jahre alt war.

Die aufgeklärte Mutter, die ihrem Kind die Feinschmecker-Speisekarte reicht, erreicht leider keine demokratischen Verhältnisse an ihrem Küchentisch. Vielmehr wird sie über kurz oder lang nur noch nach den Wünschen ihrer Tochter auftischen. Auf der „Speisekarte" stehen dann oft Pizza, Pommes, Spaghetti, Fischstäbchen, Hamburger. Bereits im Windelalter werden Kinder daran gewöhnt, à la carte zu essen. Dabei äßen Kinder in diesem Alter auch, *„was auf den Tisch kommt"*. Sie täten dies selbstverständlich auch in den nächsten Jahren. Doch leider bestätigen sich Eltern noch gegenseitig die Richtigkeit ihres Handelns: Sie kennen viele Familien, die mit ihren Kindern genauso verfahren. Kinder, die essen, *„was auf den Tisch kommt"*, haben schon beinahe einen Exoten-Status. Weil sie so selten geworden sind, erregen sie kolossale Bewunderung.

Was Kinder essen, unterliegt der Verantwortung der Eltern. Sie können je nach Alter des Kindes nach gesundheitlichen, jahreszeitlichen, ethnischen, ethischen, ökonomischen, ökologischen, auch ideologischen Erwägungen auswählen. Sicherlich ist es auch guter demokratischer Brauch, ein Kind bei der Auswahl seiner Speisen mitbestimmen zu lassen, und der Respekt vor der Menschenwürde eines Kindes gebietet, es nicht zum Verzehr einer Speise anzuhalten, vor der es sich ekelt. Auch mit erzwungener Nahrungsaufnahme über den Sättigungsgrad hinaus entwürdigen Sie Ihr Kind.

Da Essen und Trinken aber in erster Linie der Ernährung, der Sättigung, der Kräftigung, dem Wachstum und der Gesunderhaltung dient, kann ich den Sinn der Ausweitung der kindlichen Mitbestimmung nicht erkennen. Wenn Eltern schon ihre Kleinsten à la carte essen lassen, Süßigkeiten oder *Junk-Food*-Konsum ungehindert zulassen, gar entscheiden, den Essensplan einer ganzen Familie ausschließlich auf Kindergewohnheiten umzustellen, wirkt das überzogen.

Hauswirtschaftslehrerinnen können ein Lied davon singen, wie abfällig Jugendliche selbst hergestellte Mahlzeiten aus guten Produkten bewerten, weil sie in dem Geschmack nicht die Standardbeimischungen aus Tiefkühlkost oder Konserven erkennen. Hausmannskost ist ihnen sehr fremd geworden.

Die Prinzipien für die Auswahl der Speisen in der Familie sollten also lauten:

> „Ich bin deine Mutter/dein Vater. Ich bin für deine Gesundheit verantwortlich. Ich sorge für die ausgewogene Nahrung unserer Familienmitglieder und du isst, was ich zubereite. Ab und zu kommt auch dein Lieblingsgericht auf den Tisch – genau wie meins oder Papas oder Omas und Opas. Du brauchst nichts zu essen, wovor du Widerwillen hast. Meine Küche ist jedoch kein Restaurantbetrieb."

Wer den Wünschen seines kleinen Kindes unkritisch nachgibt, wird es einige Jahre später sehr schwer mit dessen Anspruchshaltungen haben. Es wird innerlich Hypothesen von eigener Größe und Stärke bilden, die es eines Tages in seinen Ansprüchen als sehr unangenehm, geradezu „ätzend" erscheinen lässt.

Kinder brauchen klare Vorgaben, in denen sie Beständigkeit, Halt und Orientierungen wiedererkennen – allerdings anders als in der folgenden Szene, die sich in Fußgängerzonen, Parks oder anderen öffentlichen Räumen täglich wiederholt:

> **Vater:** „Lea, komm, wir gehen jetzt."

Lea ist zweieinhalb, hat noch einen Pampers-Po und betrachtet versonnen ein Gänseblümchen.

> **Vater:** „Lea, komm jetzt, wir müssen weiter."

Das interessiert Lea nicht.

> **Vater:** „Bitte, Lea, komm doch, der Papa hat keine Lust mehr, hier herumzustehen."

Das ist Lea egal.

> **Vater:** „Lea, komm die Oma wartet doch."

Das ist für Lea kein Argument.

> **Vater:** „Lea, unser Bus fährt weg, wenn du jetzt nicht kommst."

Lea greift nach dem Gänseblümchen und interessiert sich nicht für Papas Nöte.

> **Vater:** „Lea, der Papa geht jetzt."

Keine Reaktion. Und der arme Papa weiß, dass er jetzt handeln muss.

Vater: „Lea, ich geh dann schon mal. Tschü – üss."

Und so hat dieser Papa jetzt ganz schlechte Karten. Nur zum Schein verschwindet er hinter der nächsten Ecke und Lea weiß mit ihren zwei Jahren schon ganz genau, dass Papa wieder nur redet. Der kommt ganz schnell zurück, und dann geht für sie das schöne Spiel *„Ich bin mächtiger als du, und das beweise ich"* weiter. Sie ist erst zwei Jahre auf der Welt und weiß genau, dass sie bei diesem Spiel immer gewinnt. Wenn Papa so mit ihr spricht, bestimmt sie, wie es weitergeht.

Was tun Eltern, wenn sie mit ihren Kindern solche Dialoge inszenieren? Sich selbst tun sie gar keinen Gefallen. Sie wollen ihrer Umgebung etwas demonstrieren oder beweisen:

„Schaut nur alle her – als Eltern strengen wir uns an. Wir investieren Zeit und Energie in den Umgang mit unseren Kindern. Die dürfen mitentscheiden. Die bügeln wir nicht um. Die pflügen wir nicht unter. Denen zwingen wir nicht einfach etwas auf. Das ist Demokratie in unserer Kleinfamilie, da lassen wir uns nichts nachsagen."

Kein Zweifel, solche Eltern meinen es gut mit ihren Kindern – und alle Väter und Mütter, die ähnlich handeln, ebenfalls. Aber Leas Vater erreicht durch sein Vorgehen nicht, dass das Töchterchen seine gute Absicht erkennt. Lea erhält lauter Doppelbotschaften, die sie auslegt, wie es ihr gefällt. Soll sie zum Papa kommen oder nicht? Fährt ein Bus oder fährt keiner? Hat der Mann Terminnot oder nicht? Wenn es aber gar nicht darum geht, einen Bus zu erreichen oder einen Termin wahrzunehmen, hat Lea gelernt: *„Was mein Vater sagt, meint, behauptet, ist eher unerheblich. Ich richte mich ausschließlich nach meiner Geneigtheit."*

Ist es diesem Vater aber ernst damit, seinen Bus zu erreichen und seinen Termin wahrzunehmen, dann kann er seine Verpflichtung nicht von Leas Geneigtheit abhängig machen.

Wenn Eltern in Zeitnot sind und bei ihren zweijährigen Kindern dafür kein Verständnis finden, kann es nur eine Lösung geben: Man klemmt sich seinen Goldschatz unter den Arm, geht seines Weges – und tut, was man tun muss.

Warum können Eltern das eigentlich nicht mehr? *„Weil das Kind dann doch schreit"*, antworten meine Seminarteilnehmer voller Mitgefühl für Leas Vater.

Dieses Geschrei müssen Eltern aushalten. Eltern sind 20/30/40 Jahre älter als ihr Nachwuchs. Sie sollten wissen, welche Anforderungen ihnen das Leben noch stellen wird. Sie sollten sich auskennen, wissen, was gut und böse ist, richtig und falsch. Nur durch eigenes sicheres Verhalten können sie ihr Kind in die Spur setzen, die es braucht, um sich halten zu können auf dem schwierigen Weg in das Erwachsenenalter. Dazu brauchen Kinder gute, starke, souveräne, wissende, erwachsene Personen, die dem *newcomer* im Leben Modell und Vorbild sind; denn das Menschenjunge ist erst auf dem Weg. Eines Tages möchte es genauso groß und stark, souverän und wissend sein, wie die erwachsenen Menschen, die es jetzt noch anhimmelt – und anhimmeln darf.

Auch Lehrpersonen lassen sich nicht auf Diskussionen ein, wenn es nichts zu diskutieren gibt. Sie haben das Recht und besitzen die legitime Macht, so zu handeln.

Zusammenfassung

„Ach", sagte in einem Seminar einmal eine Lehrerin. *„Dann ist das also etwas Gutes. Und ich habe immer so ein schlechtes Gewissen, wenn mir meine Schüler sagen ‚Bei Ihnen darf man auch nie diskutieren'."*

Tatsächlich ist es doch an allen Schulen so: Lehrer können sogar 50 Jahre älter als ihre Schüler sein. Es gibt Abläufe, Dinge, Verwicklungen, da macht ihnen keiner mehr was vor.

„Das diskutieren wir nicht, denn wir wissen, wie es laufen muss. Und so wird es gemacht."

Auf gutes oder schlechtes Verhalten der Erwachsenen, ihre richtigen oder falschen Strategien, ihren Mut, ihre Moral, ihre Unentschlossenheit, ihre Feigheit oder Boshaftigkeit reagieren Kinder und Jugendliche seismografisch. Sie handeln nach den Vorgaben ihrer erwachsenen Modelle, ahmen sie nach.

3.6 Schüler fordern Führung[1] und Lehrer sind Führungskräfte

> "Leadership means: A cool head, a warm heart and working hands."
>
> (aus der St. Gallener Führungstheorie)

> "A leader … is like a shepherd. He stays behind the flock,
> letting the most nimble go out ahead,
> whereupon the others follow,
> not realizing that all along
> they are being directed from behind."
>
> (Nelson Mandela, Long Walk to Freedom)

Die Legitimation von Führung ist kontextabhängig. In demokratischen Systemen wird die Führung von volljährigen Bürgerinnen und Bürgern gewählt. Ein Kind benötigt führendes Verhalten durch wenigstens eine reife, überlegene, erwachsene Person, die ihm als Heranwachsenden dabei zur Seite steht, die Konsequenzen seines Handelns zu überschauen. Und je jünger das Kind ist, umso mehr benötigt es diese Begleitung. Für die Schule, also die Lehrer, entstehen dadurch Führungs- oder Leitungsaufgaben.

Junge Bäume werden in Schonungen herangezogen. Wenn in einer Fichtenschonung ein Feuerchen glimmt oder nur ein Glimmstängel glüht – wer würde nicht herbeispringen und die Glut schon im Ansatz austreten, damit kein Feuer entsteht? Buchstäblich jeder. Warum bringen wir mitunter nicht vergleichbar verantwortliches Handeln für unsere Kinder auf?

Übergriffe und Grenzüberschreitungen, die Kinder und Heranwachsende begehen, entzünden täglich kleinere oder größere Feuerchen. Sie erfordern souveränes und energisches Hinzu- und Austreten von verantwortlich denkenden und handelnden Erwachsenen. An der Schule sind dies Führungs- und Leitungsaufgaben für Lehrkräfte, in der Schule *leadership* genannt.

Gegenüber ihren Lehrern erlauben sich Schüler aber häufig Ungezogenheiten in der Überzeugung, für sich selbst damit kein Risiko einzugehen.

- Cora baut sich vor ihrem Geschichtslehrer auf und empört sich über die Zumutung, bei ihr eine lesbare Schrift anzumahnen *„Sie haben mir doch gar nichts zu sagen! Ich gehe gleich zu unserem Rektor. Dann kriegen Sie aber Ärger."*
- Petar, der das Klassenzimmer fegen soll, schreit seine Lehrerin an: *„Das sage ich meinem Vater. Der kommt Ihnen aber dahin. Ich brauche nicht für andere zu putzen."*

---

1 Seit der Nazi-Barbarei fällt es uns in Deutschland schwer, mit dem Begriff „Führung" unbefangen umzugehen. Wegen dieser Bedenken wird in der Fachsprache lieber das Wort leadership aus einem Sprach- und Kulturraum, in dem man keinem „Führer" hinterhergelaufen ist, benutzt.

- Und Fatma, die in Englisch eine Zwei statt einer Vier erwartet hat, kreischt: *„Sie sind ja ausländerfeindlich. Die Sabrina ist ja Ihr Liebling. Die kriegt natürlich eine Zwei."*

Vielen Lehrkräfte ist nicht hinreichend klar, dass sie ihren unverzichtbar wichtigen Status von Führung und Überlegenheit, *leadership,* in den Klassen aufgeben, wenn sie sich mit Schülern wie Cora, Petar und Fatma auf Grundsatzdiskussionen einlassen. Zu allem Überfluss entschuldigen sich auch noch viele bei ihren respektlosen Schülern in solchen oder ähnlichen Situationen.

Ihr Argument: *„Um ihnen doch ein gutes Beispiel zu geben, dass man sich auch entschuldigen kann",* habe ich besonders Lehrerinnen in Fallberatungen rechtfertigend gehört. Das „gute Beispiel" ist einem desorientierten Schüler nur selten aufgefallen. „Gute Beispiele" dieser Art haben nur dazu geführt, dass Schüler Aufwind in ihren Überlegenheitsfantasien erhielten und ihre als unterlegen wahrgenommenen Lehrer fortan als *„Weicheier"* oder *„Warmduscher"* bezeichneten, oder *„Ej Alter, is die Banane, ej."*

Zu den markanten Leitungsfehlern in Schulen gehört es, wenn Schulleitungen und Schulaufsichten Schüler mit den zitierten Argumenten Erfolg haben lassen. Dann gehen sie offen gegen die eigenen Kollegen einen Pakt mit einem Schüler ein. Welche Berufsgruppe hat sich jemals so sehr selbst verraten? Wohlgemerkt: Es geht hier nicht um Dienstvergehen, bei denen Schulleitungen selbstverständlich einschreiten müssen. Es geht um Machtkämpfe, die Schüler in einer Klasse nicht für sich entscheiden dürfen. Lehrkräfte sind davon krank geworden.

Ein Lehrer, der seinen Schülern Freundschaft anbietet, muss in eine Rollenkrise geraten. Seit den 70er-Jahren haben Lehrer vielfach erfahren, dass ihre Schüler sie eher verachten als lieben, wenn sie unklar sind, ihre hierarchische Rolle nicht einnehmen, sich ihrer Identität nicht sicher sind, ihre Positionen wie auf einem Basar verhandelbar machen, sich anbiedern und es versäumen, sich in ihren Aufgaben kenntlich zu machen.

„Der tut so, als wäre er einer von uns – dabei ist er unser Lehrer; der merkt gar nicht, wie er sich lächerlich macht", haben Schüler verächtlich formuliert und vielfach wissen lassen. Das geschieht, wenn Lehrer ihre gekoppelte Verantwortung als Lehr- und Erziehungskraft aufgeben, wenn sie sich nicht klar zu ihrer Aufgabe bekennen. Mit der Haltung *„Ich bin dein Lehrer, das sind meine Aufgaben und Pflichten, das sind deine als Schüler, und wenn du etwas nicht selbst regulieren kannst, dann entscheide ich das für dich",* stellen sich Lehrer und Eltern ihrer Verantwortung. Pflichtvergessene Schüler, die etwa anmaßend ihre Rechte einfordern, gehören zurechtgewiesen. *„Das sind deine Pflichten, klipp und klar, die hast du verletzt! Du hast eine Pflicht und der kommst du nach!"* Die schulische Erziehungsaufgabe beinhaltet die Aus-

balancierung von Rechten und Pflichten, **das Recht auf Selbstbestimmung und Mitbestimmung** in sozialer Verantwortung einerseits und **die Pflicht zur Selbst- und Mitbestimmung** in sozialer Verantwortung andererseits.

Wenn sich Lehrer falsch verhalten, müssen ihre Schulleitungen dazu Stellung beziehen, aber nicht in Gegenwart der Schüler. Ein besonnener Schulleiter hört den Beschwerde führenden Schülern zu, führt dann eine Zäsur herbei und redet anschließend mit den Kollegen darüber, welcher sachlich gebotene Weg einzuschlagen ist.

Zusammenfassung

Lehrer haben Pflichten und Rechte, die andere sind als die ihrer Schüler. Diese müssen sie kenntlich machen und dafür Sorge tragen, dass sie nicht verwischen. Lehrer geben Noten und treffen in Konferenzen Entscheidungen über Lebensentwürfe eines Kindes. Sie haben formal die Aufgabe, Selektionsentscheidungen zu treffen. Dennoch dürfen sie ihren Schülern durchaus human und zugewandt erscheinen. Das aber darf nicht so weit führen, dass sie ihre Rolle zukleistern, indem sie sich duzen oder miteinander Brüderschaft trinken. Lehrer, die sich so verhalten, betrügen ihre Schüler auch um die Erfahrung „des Selbst-Person-Werdens".

Diese Haltung schließt die Legitimation im Sinne Rechtfertigung und Entschuldigung in Einzelsituationen aus. *„Ich entscheide das jetzt"*, entspricht adäquatem Leitungsverhalten. Das führt dazu, dass Kinder und Jugendliche ihre Lehrkräfte auch in schwierigen Situationen ernst nehmen und als Problemlöser anerkennen.

3.7 Was ein Kind erfolgreich tut, wiederholt es

> „Benehmen, das du ignorierst, ist Benehmen, das du erlaubst.
> Darum ist Grenzziehung pädagogisches Handeln."
> (Rainer Gall)

Dass Menschen wiederholen, was sie erfolgreich getan haben, ist ein menschliches Prinzip. Das stimmt in der Kindheit wie im hohen Alter. Wenn ein Dreijähriger mit Erfolg seine Schlafenszeit nach hinten verschoben hat, weil er seine Mama überreden konnte, ihm noch eine Geschichte zu erzählen oder ihm noch ein Fläschchen zu machen oder noch mal aufstehen zu dürfen, dann dürfen wir sein Bestreben, das Szenario am nächsten Abend zu wiederholen, als intelligentes Handeln deuten.

Wenn ein Grundschulkind die Erfahrung gesammelt hat, *„Beim Hausaufgabenmachen muss ich nur jammern, dann bleibt meine Mama bei mir sitzen und hilft mir"*, wäre es nicht intelligent, wenn es das Szenario zu seinem Vorteil nicht wiederholen würde.

Wenn pubertierende Kinder erklären: *„Ich muss genau diese Jacke/Hose/Schuhe der Marke XY besitzen, weil die alle in unserer Klasse haben"*, und wenn ihre Eltern damit zum Zücken des Portemonnaies bewegen können, dürfen sie die Wiederholung der Argumentation zu ihren Gunsten als intelligentes Handeln deuten.

Derselbe Mechanismus gilt für vielerlei Handlungen und Tätigkeiten der Kinder, die wir kopfschüttelnd wahrnehmen und missbilligen. Und obwohl wir meinen, dass *„Jetzt doch jemand dazwischen gehen und etwas tun muss"*, schreiten wir mitunter dennoch nicht ein.

Wie oft beobachten Sie in Ihrer Nachbarschaft, in Fußgängerzonen, in Hallenbädern, auf Spielplätzen, in Bussen oder Bahnen und jeglichen öffentlichen Orten Kinder und Jugendliche, die Ihrer Meinung nach zu weit gehen in der Art, wie sie sich untereinander beschimpfen, beleidigen, sich auf einen in ihrer Gruppe einschießen, den sie hänseln oder körperlich attackieren, andere belästigen und öffentlich kränken oder kompromittieren? Fast täglich können Sie irgendwo in Ihrer Stadt einen beobachten, der Bier trinkt, dabei kann der erst zwölf Jahre oder jünger sein. Wie oft haben Sie schon kleine Jungs im Grundschulalter gesehen, die in der Öffentlichkeit mit großer Geste rauchen?

Kinder lernen immer, in allen Situationen, punktuell und weitergehend:

> „Etwas Unerhörtes habe ich probiert/gesagt/getan – alle Umstehenden haben es gesehen, gehört, bemerkt – keiner hatte etwas dagegen – es ist also o.k.? – Es gibt also niemanden, der mich hindert, dasselbe bei nächster Gelegenheit zu wiederholen?"

45

Es geht nicht nur um Rauchen oder Trinken, es geht auch um Ladendiebstahl in Supermärkten, Schwarzfahren in Bussen und Bahnen, Verspotten von Alten oder Behinderten, vielfältiges Mobbing, ob digital oder analog. Es ist so wichtig, dass ein Kind erlebt, wie die umgebende Erwachsenwelt bei unangemessenem Verhalten einschreitet. Selbstverständlich ist es normal, dass unsere Kinder raumgreifend austesten, ob ihnen Grenzüberschreitungen gelingen können. Genauso selbstverständlich und normal muss es jedoch sein, dass ihm Erwachsene wiederum entgegnen: *„Stopp, mein Kind, und keinen Schritt weiter, denn du gehst zu weit / du übertreibst / du tust etwas Verbotenes / du verlässt dein Territorium."*

Noch immer halten viele Erwachsene – auch ausgebildete Pädagogen – Ignorieren oder Wegschauen für eine so gute Erziehungsstrategie, dass sie sie sogar als Erfolgsrezept weitergeben. Leider tun Lehrer oft auch nichts anderes. *„Wissen Sie, dahinten auf der Wiese ist ja was im Gange"*, sagte mir einmal ein Kollege, der Hofaufsicht hatte, *„aber so weit kann ich gar nicht gucken."*

Wie ich in meinen Fortbildungen vielfach erfahren konnte, haben Kollegen sogar in ihrer Zeit als Lehramtsanwärter gelernt, auffälliges Verhalten bei Kindern ließe sich durch Ignorieren „löschen". Das ist falsch.

Alles, was ein Kind erfolgreich tun kann, wird es wiederholen. Selbstverständlich! Diesen pädagogischen Grundsatz müssen Lehrpersonen und Eltern verinnerlichen. Deswegen müssen sie immer intervenieren, wenn ein Kind etwas Unangemessenes tut. Deswegen sollten Eltern und Lehrer Einigkeit darüber herstellen, welches Verhalten erwünscht und welches Verhalten unerwünscht ist; indem sie zum Beispiel für ihre Schule gemeinsam einen Wertekodex herstellen, diskutieren und verabschieden. Deshalb dürfen Lehrkräfte nicht nachgiebig sein, wenn ein Schüler zu weit gegangen ist, und sie dürfen nicht ignorieren, wenn er etwas angestellt hat. Deswegen dürfen sich Erwachsene vor allem auch nicht fürchten, wenn ein Kind schrilles Geschrei anstimmt, um sein Anliegen durchzusetzen – zum einen, weil es normal sein sollte, zum anderen, weil sich Erwachsene keineswegs kinderfeindlich verhalten, wenn sie dieses Geschrei in großer Ruhe aushalten.

Eine erfahrene Mutter teilte mir ihre persönliche Schutzstrategie für solch unangenehme Situationen mit:

> „Ich lege meine rechte Hand auf den Solarplexus und affirmiere mich selbst, indem ich mir die Formel vorspreche ‚Ich bleibe ruhig und gelassen und sage ‚nein'. Und wenn mein Kind mit seinem berühmten Argument kommt ‚Alle dürfen oder haben das, nur ich nicht', dann sage ich in großer Ruhe: ‚Na und? Andere Kinder werden geschlagen. Und du nicht.'"

Als Lehrerin habe ich diese Methode in der Schule in Kombination mit der Methode „kaputte Schallplatte" angewandt:

Lehrerin: Osman, du verlässt jetzt die Klasse.

Osman: Nö.

Lehrerin: Osman, du gehst.

Osman: Wieso denn ich? Ich habe doch nichts gemacht!

Lehrerin: Osman, du gehst.

Osman: Boah, sind Sie ungerecht. Wenn ich gehen muss, muss der alte Pisser ja wohl schon lange.

Lehrerin: Osman, du gehst.

Osman: Wissen Sie überhaupt, dass Sie die ungerechteste Lehrerin an der ganzen Schule sind?

Lehrerin: Osman, du gehst.

Osman: Boah, ej, Sie sind nicht nur ungerecht, Sie sind auch hässlich.

Lehrerin: Osman, du gehst.

Osman: Ich werde mich beschweren. So eine Ungerechtigkeit brauche ich mir nicht gefallen zu lassen.

Lehrerin: Osman, du gehst.

Osman geht.

Natürlich können Osman und andere so einen Dialog noch länger hinziehen – nur am Ende ist klar, muss klar sein: Osman ist gegangen.

Mit einem aufmerksamen Blick auf Kinder und Jugendliche müssen wir uns parteilich für Opfer einsetzen. Mit Opfern meine ich nicht nur Gewaltopfer, sondern alle diejenigen in der Schule, die täglich mit dem berechtigten Anliegen erscheinen, hier gut ausgebildet zu werden. Stattdessen erleben sie zu oft, dass es Mitschüler gibt, denen dies nicht nur für sich selbst egal ist, denen auch die Ziele und die Integrität und die Unversehrtheit einer großen Mehrheit an der Schule nichts wert sind. Die nenne ich inzwischen auch Täter – und meine damit nicht nur Gewalttäter.

„Ich kann doch nicht bei jeder Kleinigkeit was sagen, da hätte ich aber viel zu tun", lautet übrigens das Argument, das Eltern und Lehrer vielfach vereint. *„O Gottogott. Bei jedem ‚Hurensohn' und jedem ‚Wichser' soll ich jetzt einschreiten? Wissen Sie eigentlich, was meine Schüler sonst noch alles sagen?"* Doch, weiß ich. Und sie sagen es nur deshalb, weil jahrelang Eltern, Erzieher, Lehrer oder Sozialpädagogen danebengestanden haben und sich eingeredet haben: *„Wenn wir kein Theater machen, erledigt sich das schon von allein."* Nichts hat sich erledigt. Wenn wir den Kindern keine Grenzerfahrung ermöglichen, fahren sie auf der Suche nach ihren Grenzen kontinuierlich fort und treiben es eben „immer doller".

„Mein Gott, Frau Kreter, ich wäre doch froh, wenn der bei mir zu Hause nur ‚Wichser' sagen würde. Wissen Sie eigentlich, was der sonst noch alles so drauf hat?" Kann ich mir gut vorstellen. Und das ist genau der Punkt, der durchdacht zur Lösung führt. Nur wenn wir bei Kleinigkeiten penibel und pingelig sind, können wir sicher sein, dass sich unsere Kinder an die Verbote und Einschränkungen halten, die wir ihnen auferlegen. Denn wenn sie kleine Tabus brechen können, müssen sie keine großen brechen. Wenn wir bei Kleinigkeiten einschreiten, können wir annehmen, dass Schlimmeres gar nicht oder zumindest weniger stattfindet.

„Finden Sie es denn nicht auch normal, wenn Jungen ab und zu Freude daran haben, sich in Kraftausdrücken zu suhlen?", werde ich häufig von Kollegen gefragt. Zweifellos: Das ist auch normal – wenn sie unter sich sind. Doch wenn ich in der Nähe bin, wirkt es auf mich provozierend und ist von den kleinen Jungen auch genauso gemeint – fragen Sie sie. Sie sind die Lehrperson, Sie könnten vielleicht die Mutter, wenn nicht sogar die Großmutter der Kleinen sein. Sie fordern Respekt und Achtung im Kontext ihrer Präsenz, und zwar nicht nur für sich, sondern für alle Schüler, die in der Schule unter ihrem Schutz stehen – eine Ansprache, die die Menschen nicht ihrer Würde beraubt. Kinder, die im Benachteiligtenmilieu groß werden, müssen es von ihren Lehrern hören: Kein Mensch ist es wert, Penner, Schlampe, Arschloch, Schwein und blöde Kuh genannt zu werden. Wer dies liest, weiß, dass das tatsächliche Spektrum an Verbalinjurien an deutschen Schulen mit diesen Begriffen nur angedeutet wird.

Es ist, wie es ist. Und was können Sie konkret tun? Vier Vorschläge:
- *Rote Karte* an die Eltern
- Ausfüllen eines Reflexionsbogens mit Unterschrift der Eltern
- ggf. auch Referat vor der Klasse
- Lob der guten Eigenschaften mit Grüner Karte

M1 Vorderseite:

Rückseite:

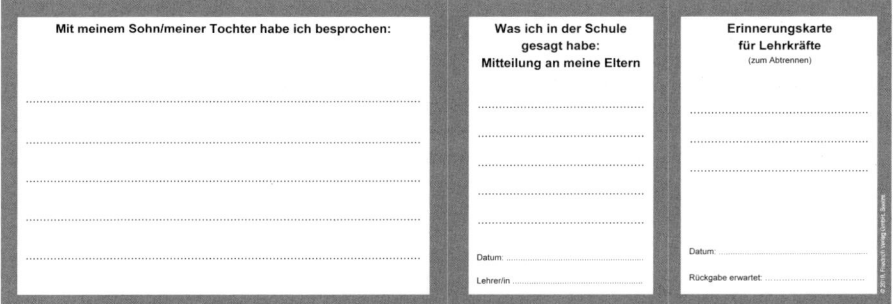

Wer hörbar für ein Erwachsenenohr ein vulgäres Wort ausspricht, erhält eine *Rote Karte*. Das ist eine im Längsformat dreifach geknickte halbe DIN-A4-Seite, die folgende Positionen enthält:

1. ein freundliches Anschreiben im Scheckkartenformat an die Eltern,
2. ein Kärtchen im Scheckkartenformat, wo der Schüler selbst aufschreibt, welches Unwort er verwendet hat,
3. ein Kärtchen gleicher Größe, das sich die Lehrperson zur Erinnerung ins Portemonnaie stecken kann sowie
4. eine Karte im Format einer Postkarte, auf der uns die Eltern Rückmeldung über das Gespräch mit ihrem Kind geben.

Alternative:

Wer an der Schule jemanden kränkt – als Zielpersonen kommen nicht nur Lehrkräfte in Frage, auch Hausmeister, Sekretärinnen, Reinigungskräfte, Eltern oder vorübergehend anwesende Nachbarn, Handwerker oder Briefträger –, muss ein Formular nach dem Vorbild von Seite 50 ausfüllen, das von den Eltern unterschrieben zu den Akten genommen wird.

M2

Vulgäres: Beleidigungen, Fäkal-/Sexual-/Gossensprache

Name, Klasse: ....

Was hast du gesagt? Zu wem? Aus welchem Anlass?

....

....

....

Was bedeutet das Wort?

....

....

....

Was wolltest du eigentlich sagen?

....

....

....

Was bietest du der Person an, der du diese Beleidigung zugemutet hast?

....

....

....

_____   _____
Unterschrift des Schülers/der Schülerin   Unterschrift der Eltern

Richte dich darauf ein, dass du deinen Text vor deiner Klasse vorlesen musst:

Was du öffentlich angerichtet hast, musst du öffentlich wiedergutmachen.

Im Wiederholungsfall erhält der Schüler wieder eine *Rote Karte*. Zusätzlich hält er in Anwesenheit einer für die Gesprächsführung verantwortlichen Person – die nicht die gekränkte Person ist – vor seiner Klasse einen Vortrag, warum sein Verhalten unangemessen war. Als Grundlage für den Vortrag kann auch das auf Seite 50 abgedruckte folgende Formblatt eingesetzt werden.

Danach benennen die Mitschüler in der Klasse, woran erkennbar war, dass die Ausführungen des jeweiligen Referenten glaubwürdig waren – das sind sie so gut wie immer. Vor der Klasse versöhnen sich die gekränkte Person und der Schüler, besiegelt durch einen Händedruck, und die Klasse applaudiert.

> „Osman hatte etwas Schlimmes angerichtet – und er hat es wieder gut gemacht. Er hat vor uns allen zu seinem Fehler gestanden. Alle Achtung. Das schafft nicht jeder. Osman, du siehst: Wir sind beeindruckt. Jetzt bist du ein Vorbild.“

Damit niemand annimmt, dass ich mich ausschließlich auf der Sanktionsebene betätige, füge ich hier auch die begehrte *Grüne Karte* an, die Postkartenformat hat und tatsächlich grün ist. Wie die *Rote Karte* hat sie eine Vorder- und eine Rückseite, allerdings im DIN-A6-Hochformat. Sie wird schulöffentlich in Vollversammlungen ausgegeben und die ganze Schulgemeinde applaudiert.

M3

Schullogo **Anerkennung** für _____ Name des Schülers/der Schülerin _____ Klasse	**Liebe Eltern!** Ihre Tochter/Ihr Sohn hat sich heute unsere besondere Anerkennung verdient. Durch o bemerkenswertes Engagement o außergewöhnlichen Fleiß o lobenswerte Aufmerksamkeit o ungewöhnliche Hilfsbereitschaft o beispielhafte Ordnung o herausragenden Einsatz für die Klassen- bzw. Schulgemeinschaft **ist Ihr Kind Vorbild für andere** Wir freuen uns, Ihnen dies mitteilen zu können. **Schulleitung und Kollegium der Schule** Name der Schule

© 2019 Friedrich Verlag GmbH Seelze.

Zur Schulzeit meiner Eltern gab es noch Fleißkärtchen. Ich selbst erinnere mich noch an das tolle Gefühl, als ich in den frühen 60er-Jahren im Kommunionunterricht Heiligenbildchen erhielt, wenn ich meinen Katechismus gut gelernt hatte.

Ein Belobigungssystem kann vielfältig weiter ausgebaut werden – durch Stempel, Zertifikate, Urkunden, Silberne und Goldene Karten, Pokale, Gutscheine, Belohnungsgrillen. … Ihrer Kreativität sind keine Grenzen gesetzt.

Zusammenfassung

Dass Grenzziehung das wichtigste Segment für die Nachhaltigkeit pädagogischen Handelns sei, wiederholte der AAT-Trainer Rainer Gall in seinen Anti-Aggressivitäts-Trainings so beharrlich, dass es sich einprägen musste. Pädagogische Handlungsfähigkeit stellt sich nicht durch gelegentliche Ordnungsrufe ein. Aufrechte Körperhaltung, Stimme, entschlossene Mimik und mentale Entschiedenheit gehören dazu. Grenzüberschreitungen verlangen nachdrückliche Zurückweisungen. In gleicher Entschiedenheit sollen Schüler aber auch überzeugend erfahren, wie erwünschtes Sozialverhalten aussieht bzw. wie und wann sie diesem Anspruch gerecht werden.

3.8 Optimal: Zwischen Lehrern und Eltern entstehen Erziehungspartnerschaften

„Non scholae sed vitae discimus:
Wir lernen nicht für die Schule, sondern für das Leben."
(Redensart aus dem alten Rom)

Während ich dies schreibe, denke ich an eine Mutter, deren 14-jährigen Sohn wir einmal wegen ungebührlichen Verhaltens mit der Auflage, in Begleitung seiner Eltern zum Gespräch zu kommen, nach Hause geschickt haben. Das Gespräch sollte morgens in der nullten Stunde stattfinden, also ab 7 Uhr.

Das war an einem Donnerstag. Bis zum folgenden Dienstag war seine Mutter jeden Tag mit ihm in die Schule gekommen, zu einer Zeit, die sie selbst bestimmte, mal um 9 Uhr, mal gegen 10 Uhr, mal um Viertel vor elf, aber nicht morgens in der Stunde zwischen 7 Uhr und 8 Uhr, die wir für diese Gespräche vorsehen. Die Mutter lamentierte auf dem Schulhof, suchte im Gebäude, klopfte an Klassentüren und verlangte, Lehrer zu sprechen. Dass der Junge nicht in die Schule könne, ginge doch nicht an.

Wir haben gut verstanden, warum es ihrem Sohn so schwerfiel, sich an unsere Regeln zu halten. Was lebte seine Mutter ihm denn vor? Erst eine knappe Woche später gelang ein Gespräch mit ihr; unverhofft ein sehr gutes. Frau E. verstand, verhielt sich unterstützend: *„Das hat mir gereicht die letzten Tage."* Sie stimmte folgender Verabredung zu: Wenn es Karim beim Zurückkommen in seine Klasse nicht gelingt, die Unterrichtsregeln einzuhalten, darf er zwei Wochen gar nicht mehr in seine Klasse. Er muss dann unter Aufsicht selbstständig in unserem Sozialen Trainingsraum arbeiten und sich hier die Rückkehr in seine Klasse verdienen. Sollte Karim wieder zu spät kommen, verpflichtet sie sich, ihren Sohn an drei folgenden Tagen persönlich in die Schule zu bringen.

Zeit für Elterngespräche ist *normalerweise* morgens zwischen 7 und 8 Uhr. Wenn Eltern aber plausible Gründe haben – Nachtdienst, Schichtdienst, Berufstätigkeit als Briefträger oder Bäcker oder etwa wichtige medizinische Behandlungen –, können Sie ihnen selbstverständlich auch davon abweichende Gesprächstermine geben. Im vorliegenden Fall war es allerdings so plausibel, dass das regelwidrige Verhalten des Sohnes in direktem Zusammenhang mit der Trägheit und Nachlässigkeit seiner Mutter stand, dass beide Konsequenzen spüren mussten.

Längere Zeit habe ich mich an den Störungen eines Mädchens abgearbeitet, dessen Vater mir mehrfach am Telefon zu verstehen gegeben hatte: *„Mit Ihnen spreche ich doch gar nicht, wenn Sie meiner Tochter nicht glauben. Dabei sagt sie die Wahrheit. Das genügt mir. Ich habe keine Zeit für so was."*

Seine Tochter nutzte diese Kommunikationslücke intelligent aus. Sie war nicht „auf Krawall gebürstet". Sie störte subtil und leise und überließ das „Herumschreien" anderen. Sie beleidigte Mitschülerinnen in Kassibern mit herabwürdigenden Zeichnungen. Die brachte sie so in Umlauf, dass hinterher nicht mehr klar war, wer sie wem und wann weitergegeben hatte. Sie schrieb in Druckschrift. Sie veranlasste andere, in ihrem Namen Beleidigungen zu streuen und sagte immer mit dem ehrlichsten Gesicht: *„Ich war das nicht. Sie können mir gar nichts beweisen. Rufen Sie ruhig meine Eltern an. Die glauben mir, nicht Ihnen."*

Eine Veränderung trat ein, als ich es aufgab, den Vater zu kontaktieren, der nach Aktenlage unser schulischer Ansprechpartner war. Ich sprach mit der Mutter. Unsere Gespräche verliefen einvernehmlich und aufschlussreich, denn sie kannte sich besser mit ihrer Tochter aus als der Vater.

In einer Fernseh-Talkrunde erzählte ein Journalist in Vaterrolle von einem „Dumme-Jungen-Streich" seines eigenen Sprösslings. Die Eingangstür der Schule sei aus Übermut mit Eiern und Tomaten beworfen worden. In der Elternschaft habe es viel Murren darüber gegeben, dass die Schule von den bekannt gewordenen Tätern Regress für die Reinigung gefordert hatte. Man wäre sich sehr einig gewesen in der Haltung: *„Mein Gott, wir waren doch alle selber mal jung – haben wir denn nicht irgendwann auch mal Blödsinn gemacht?"*

Ihm wäre es jedoch ein Anliegen gewesen, die Schule in ihren Forderungen zu unterstützen: *„Ja, selbstverständlich haben wir als Kinder auch Unsinn gemacht. Aber wir haben doch nur deshalb begriffen, dass das Unsinn war, weil unsere Eltern und Lehrer die eindeutige Haltung vertraten: Du hast diesen Unsinn fabriziert – und nun mach ihn wieder gut."*

Genau das ist die Haltung, die wir als Eltern und Lehrpersonen gemeinsam einnehmen müssen.
- Wir sind alle selbst Kinder gewesen. Wir hüten uns davor, unseren Kindern Perfektion abzuverlangen.
- Wir begleiten sie auf ihrem Weg in die Adoleszenz.
- Wir sind Vorbild und Modell, geben Orientierung und Halt.
- Wir helfen ihnen, wenn sie straucheln oder fallen.
- Wir erinnern uns, was uns in unserer eigenen Entwicklung gut tat.
- Wir erzählen unseren Kindern altersgerecht, wie es damals bei uns war, wie Oma und Opa reagierten und handelten; auch, wie wir uns dabei gefühlt haben.
- Wir reden auch darüber, was es uns gebracht hat.
- Wir reden auch darüber, wie wir die Dinge heute sehen.
- Wir bewegen uns innerhalb moralischer Kategorien und Grundsätze.

Im Bekanntenkreis werde ich von Müttern oder Vätern gelegentlich angesprochen, die etwa sagen:

> „Im Allgemeinen hast du ja Recht, und mein Sohn/meine Tochter soll in der Schule auch wissen, dass sie nur eine von vielen ist, aber jetzt – und gerade in der Mittelstufe – hat die eine Lehrerin gekriegt, und gerade in Mathe/Kunst/Latein/Musik etc., wo es doch gerade auf dieses Fach so ankommt, und gerade jetzt in dem schwierigen Alter, und da würdest du auch nicht mehr sagen, rede mit der Lehrerin – mit der ist nämlich nicht zu reden, das habe ich am Elternsprechtag selbst erlebt, die ist so bescheuert, das sagen übrigens alle, auch die Tochter von unserer Nachbarin, und die steht wirklich in allen Fächern gut, die ist eine Überfliegerin … etc. pp."

Als A.S. Neill 1969 gefragt wurde. „Hebt eine richtige Erziehung die falsche Behandlung in der Schule auf?" antwortete er:

> „Im Allgemeinen ja. Der Einfluss des Elternhauses ist stärker als der Einfluss der Schule. Wenn das Kind zu Hause keine Angst hat und nicht bestraft wird, wird es das falsche Verhalten der Lehrer nicht für richtig halten. Die Eltern sollten ihren Kindern sagen, was sie von den falschen Methoden in der Schule halten. Es ist absurd, dass Eltern häufig auch dann noch zu den Lehrern halten, wenn deren Dummheit grenzenlos ist."
>
> (in: Theorie und Praxis der antiautoritären Erziehung, Hamburg 1969, S.324)

Bei allem Respekt vor unserem großen pädagogischen Aufklärer und Wegbereiter greife ich solche Fälle heute anders auf. Auch in der Lehrerschaft gibt es unangenehme Zeitgenossen, die sich vielleicht besser ein anderes Berufsfeld ausgesucht hätten. Mütter oder Väter haben keine Möglichkeit, in die Personalverteilung der Schule einzugreifen. Wie können sie ihren Kindern helfen?

Bestimmt nicht dadurch, dass sie sie tagein, tagaus bedauern, so eine fürchterliche Mathematiklehrerin zu haben. Denn das Kind hat keine Wahl: Es sitzt jeden Tag in ihrem Unterricht.

Sinnvoller ist es, das Kind in seinem Beziehungslernen zu unterstützen. Das bedeutet: zuhören, glauben, was es sagt, das Gesagte paraphrasieren und dann empfehlen:

> „Du weißt doch, wie sie ist, deine Mathe/Bio/Erdkunde/Sportlehrerin o. Ä., wie sie sich verhält, und was sie von dir verlangt. Du wirst sie noch mindestens dieses Schuljahr ertragen müssen, vielleicht sogar noch ein weiteres Jahr. Es macht keinen Sinn, sich tagein, tagaus darüber aufzuregen, wie furchtbar diese Person ist. Lass uns zusammen über eine Strategie nachdenken, wie du mit ihr/ihm zurechtkommen kannst. Du hast ja Recht, sie ist ein völlig anderer Typ als dein verehrter Klassenlehrer. Aber wir können sie

nicht ändern, wir können uns nur selbst ändern. Also: Wie kommst du mit der Frau klar, ohne dass du dich preisgibst?"

Schon zum „Weltwissen der Siebenjährigen" (Donata Eschenbroich) gehört die Erfahrung, dass es Menschen gibt, die es sehr gut mit uns meinen und andere nicht; dass es Menschen gibt, die uns ungerecht behandeln und Menschen, die uns nicht mögen. Deswegen tun Eltern gut daran, es als ihre Aufgabe anzusehen, ihre Kinder auch mit diesen Phänomenen bekannt zu machen, anstatt Kraft und Mühe darein zu stecken, sie in Watte zu packen und gegen ihre Widersacher zu wüten.

Zusammenfassung

An vielen Schulen ist die Kooperation in Bildungs- und Erziehungsfragen schon selbstverständlich geworden. Viele Schulen fragen noch neugierig oder ungläubig, was damit gemeint sei. Weitere Schulen lehnen es ab, auch „Elternschule" sein zu wollen. Nicht alle Eltern wünschen es, in der Schule ihrer Kinder auch einen Lernort für sich selbst vorzufinden. Für viele Eltern aber ist es schon zu einer befreienden Erfahrung geworden, dass die Lehrer ihrer Kinder keine beruflichen Besserwisser sind, dass man sich vielmehr auf Augenhöhe begegnen kann. Ebenso gibt es Eltern, die sich klare Handlungsanweisungen aus der Schule ihrer Kinder wünschen. Eigene Beteiligung lehnen sie ab. Sie wundern sich, wenn sie von Fachkräften Angebote zu partnerschaftlicher Zusammenarbeit erhalten.

Themen wie „Regeln", „Grenzen" und/oder „Konsequenzen" erfordern von den Eltern, die schulische Praxis mitzudenken. Die größte Anforderung an die Lehrerschaft besteht darin, ihren Umgangston wertschätzend beizubehalten – und dies besonders dann, wenn Kontroversen deutlich werden.

4 Acht pädagogische Irrtümer

„Irrtümer haben ihren Wert,
jedoch nur hier und da.
Nicht jeder, der nach Indien fährt,
entdeckt Amerika!"
(Erich Kästner)

4.1 Erziehung ist Privatsache, das geht die Schule nichts an

"It takes a whole village to raise a child."
(Redensart aus Südafrika)

Eine Gruppe von Eltern bezog mich einmal in folgenden Beratungsfall mit ein: Grundschulkinder hatten in einem Schulaufsatz *„Ich find dich Scheiße"* und *„Hau ab und verpiss dich"* geschrieben. Die Lehrerin hätte diese Formulierungen rot markiert und sie auch im Gespräch mit den Kindern als vulgär bezeichnet. Da schwoll einigen Eltern der Kamm. Sie verständigten sich durch eine Telefonkette und trafen sich in einem Wohnzimmer, um zu beschließen: Das sei schließlich der Text eines Popsongs; den zu kennen könne man seinen Kindern nicht verbieten.

Der Konflikt konnte aufgelöst werden, weil die Eltern verstanden: Wenn sie selbst ihren Kindern den Unterschied zwischen Hochsprache und Vulgärsprache nicht erklären wollten und darüber hinaus verhindern wollten, dass eine Lehrerin differenzierten und kontextangemessenen Sprachgebrauch einforderte, wer sollte diese Kinder denn je im Leben orientieren, dass Sprachverwendung kontextgebunden ist und dass es ein Zeichen des „Guten Tons" und gesellschaftlichen Feinschliffs ist, wenn Menschen diese differenzierten Zugänge beherrschen?

Auch an anderer Stelle habe ich die Kraftausdrücke aus Vulgär-, Sexual- und Analsprache im Alltagswortschatz heutiger Kinder und Jugendlicher angedeutet. In Konferenzen mit Lehrern und Veranstaltungen mit Eltern spreche ich sie aus. Noch nie hat mir jemand in der Auffassung widersprochen, dass Schüler mit gossensprachlichen Formulierungen täglich zu weit gehen, dass sie auch miteinander würdelos umgehen, dass jedes Kind eine respektvolle Ansprache verdient und dass kein Erwachsener es sich bieten lassen muss, obszön/zotig/derb angesprochen oder diffamiert zu werden. Zu wirkungsvoller gemeinsamer Intervention können Sie in Ihrer Schule ein Formblatt parat halten, wie ich es im Kapitel „Was ein Kind erfolgreich tut, wiederholt es" auf Seite 45 ff. bereits vorgestellt habe.

Ergänzend wichtig war mir als Schulleiterin zusätzlich der Grundsatz:

**„Wer es wagt, eine Person öffentlich zu kränken,
muss sich auch trauen, sich öffentlich zu entschuldigen."**

Wenn dann endlich auch der größte Sprücheklopfer der Schule bemerkt, dass ihm dies sehr peinlich ist, dann ist dies genau die Erkenntnis und der Lerngewinn, den wir beabsichtigt hatten, zu erreichen:

„Du kommst jetzt nach vorne, Simon, und erklärst mal allen, was das ist ‚ein Wichser‘/‚ein Penner‘/‚eine Schlampe‘/‚eine Nutte‘.“

„Ivan, Sven und Ali, wir hören nicht zum ersten Mal, dass ihr die Mädchen begrapscht. Wenn ihr an dieser Schule bleiben wollt, dann erwarten wir von euch, dass ihr euch öffentlich entschuldigt und öffentlich versprecht, dass ihr das ab sofort unterlasst.“

„Ihr werdet eure eigenen Eltern und die Eltern eurer Opfer informieren, was ihr getan habt und überlegt euch, wie ihr das wieder gut machen könnt.“

Ein Junge, der einen anderen in seiner Klasse immer wieder *„Hurensohn"* nennt, muss sich bei der Mutter seines Mitschülers entschuldigen. Es ist empfiehlt sich, das Verfahren mit einer betroffenen Mutter vorher abzusprechen. Es sollte nur angewandt werden, wenn diese sich dem Gespräch gewachsen fühlt.

Auch wer „nur" zugeschaut hat, kann sich schuldig gemacht haben. Es macht Sinn, gelegentlich einen Polizeibeamten vom Kriminalkommissariat Vorbeugung in eine Klasse mit Symptomträgern zu bitten, der ausführlich und wirkungsvoll zum Thema „Unterlassene Hilfeleistung" spricht, bei Bedarf auch „Gefährderansprachen" hält. So können Prozesse eingeleitet werden, die geeignet sind, das Schülerverhalten nachhaltig positiv zu verändern.

Wer Menschen herabsetzt, sie in ihrer Würde beschädigt, verstößt gegen Recht und Gesetz. Dazu benötigt eine Schule noch nicht einmal einen besonderen Regelkodex. Als Lehrer sind wir dem aktiven Jugendschutz und der Verwirklichung der Menschenrechte an unseren Schulen verpflichtet.

Auch bei Angriffen gegen Lehrkräfte, die darauf zielen, sie in ihrer Menschenwürde zu verletzen – und dies in den Muttersprachen aller Herren Länder – müssen wir unsere Toleranzgrenzen auf einen Nullpunkt herabsetzen.

Egal, in welcher Sprache sich Schüler erlauben, *„Schlampe"*, *„Nutte"* o. Ä. aus egal welchen Affekten im Treppenhaus oder auf dem Schulhof zu einer weiblichen Person zu sagen – und sei es auch nur gezischelt oder sei es nur aus Gedankenlosigkeit heraus – verdienen sie ein Donnerwetter. Und sie verdienen auch dann ein Donnerwetter, wenn die Beleidigung weniger drastisch ausgefallen ist.

„Was geht Sie das denn an? Verpiss dich, du alter Wichser", schreit ein Achtklässler im Treppenhaus einen Lehrer an. Der hatte ihn nur nach seinem Namen gefragt. Schüler, die so weit gehen, können den Eindruck erwecken, dass nicht der Lehrerschaft, sondern ihnen die Hoheitsrechte im System zustehen. Bei Mitschülern kann das zu einem Gefühl von Unsicherheit führen. Denn bei ihnen entsteht der Eindruck, dass sie von den zuständigen Erwach-

senen im Hause nicht wirkungsvoll geschützt werden können. Soweit dürfen wir es nie kommen lassen.

Für alle Schüler muss klar sein, dass ihre Lehrer es verstehen, „durchzugreifen". – Selbstverständlich im Rahmen ihrer gesetzlichen Möglichkeiten, selbstverständlich auch unter Wahrung der Menschenwürde des Täters, aber gebührlich, plausibel und exemplarisch, auch um Trittbrettfahrer auszuschließen, und umso eindeutiger, wenn davon auszugehen ist, dass in der Herkunftsfamilie keine Klarstellung vorgenommen wird.

Zögern und Zaudern, Untätigkeit, verschwenderisches Nachdenken über die Ausweitung von Duldsamkeit und Toleranz – etwa, ob die Einforderung von Hochsprache in bestimmten Milieus überhaupt noch einzufordern sei –, haben seit vielen Jahren Opfer produziert, sie über den Tathergang hinaus geängstigt und verstört und der ganzen pädagogischen Branche geschadet. Nicht zuletzt haben untätige Schulen auch den Tätern geschadet. Denn wenn sich ihre Eltern schon nicht um ihre Erziehung kümmern und wir in der Schule es auch noch ablehnen: Wer im Leben wird diesen jungen Menschen Korrektiv sein können? Wer soll es denn hinkriegen, wenn nicht wir? Und wann, wenn nicht sofort? Und wo, wenn nicht genau da, wo wir als Lehrer für Bildung und Erziehung verantwortlich sind?

Kinder und Jugendliche sind orientierungslos geworden, weil viele Lehrkräfte ihren Job nicht aus dem Verständnis heraus machen möchten, dass sie selbst es sind, die Verantwortung tragen und zwischenmenschlich normative Grenzen einziehen müssen. Die von allen bevorzugte bloße Empathieschiene reicht allein nicht aus. Appelle allein verhallen oder verfehlen ihr Ziel. Wer ein Kind erzieht, benötigt Mut, Tatkraft und Beharrlichkeit sowie ein breites Spektrum an Alternativen in seinem pädagogischen Handeln.

Weil viele Kinder klug und forsch nach Kinderart Territorien erobert haben, in denen wir sie aus guten Gründen nicht haben möchten, benötigen wir kreative, gern auch neue Umgangsformen zu ihrer Begrenzung. Die Wiederbelebung alten Wissens und alter Weisheit haben hier ebenfalls ihren Platz. Grenzüberschreitungen bedürfen würdevoller Zurückweisungen und eines angemessenen Opferschutzes. Kein Mensch muss Rücksichtslosigkeit hinnehmen. Lehrkräfte, die sich gemeinsam dessen bewusst sind, werden auch gemeinsam erfolgreich gegen Rücksichtslosigkeiten einschreiten können.

Erziehungsaufgaben können schon deshalb nicht nur eine private Verpflichtung sein, weil sie angesichts der multikulturellen Realitäten an unseren Schulen interkulturell verständlich gestaltet werden müssen. Die Kinder nicht deutschsprachiger Eltern brauchen uns mehr, als wir manchmal annehmen. Als ich in einer Beratungsstelle arbeitete, wandte sich eine türkische Mutter mit ihrem Sohn (Grundschulkind, 3. Klasse) an mich. Der Junge erzählte von den „Fotzen" in seiner Klasse und mir gerann das Blut. Ich sah die Mutter erschrocken an und fragte sie, warum sie ihrem Sohn erlaube, so zu reden. Sie guckte genauso erschrocken zurück. Ihr Deutsch war sehr unvollkommen. Sie war ahnungslos, wie vulgär sich ihr Sohn gegenüber den Mädchen in der Klasse benahm, und ihr kleiner Sohn – ein nettes Kerlchen – selbst wohl auch.

Eine beträchtliche Zahl der Eltern hält eine Ohrfeige oder einen Klaps immer noch für ein geeignetes Erziehungsmittel. Einer Studie von Christian Pfeiffer (1999) konnten wir entnehmen, dass in russischen Aussiedlerfamilien und in Familien türkischer Herkunft mehr als doppelt so viel wie in deutschen Familien misshandelt wird. Jungen aus solchen Familien haben mir die Narben auf ihren Körpern gezeigt, die entstanden waren, weil ihre Eltern sich das Recht genommen hatten, Gegenstände auf ihren Körpern zu zerschlagen. „Gefühlt" habe ich den Eindruck, dass die Menge der körperlich misshandelten Kinder in den vergangenen Jahren zurückgegangen ist. Dennoch ist das schwere Leid, das auch in Einzelfällen entsteht, Grund genug, in der Wahrnehmung der Motive, die Kinder veranlassen, in der Schule durchzudrehen, sehr wachsam zu sein.

Zusammenfassung

Als Lehrer stehen wir schulgesetzlich in der Pflicht, zu unterrichten und zu erziehen. Keine Schule kann sich auf die Bereitschaft der Eltern verlassen, allein für die Wohlerzogenheit ihrer Kinder aufzukommen.

Als Pädagogen stehen wir auch in der Pflicht, misshandelte Kinder sensibel zu beraten. Die Eltern wegen Missachtung des Kindeswohls oder gar wegen Misshandlung anzuzeigen, ist nur eine Option. Sie kann ein Schnellschuss sein, der mehr zur Belastung eines Kindes als zu seiner Entlastung beiträgt.

Sehr genau müssen wir hinschauen, ob sich misshandelte Kinder etwa Opfer suchen, an die sie den Druck weitergeben, den sie selbst erhalten haben. Je jünger ein Kind ist, das unsere Intervention erfährt, desto größer ist seine Chance, prosoziales Verhalten zu habitualisieren, über das es als Heranwachsender schon verfügen kann.

Wie sinnvollerweise zu verfahren ist, können wir auch mit den Fachstellen bei den Jugendämtern, dem Kinderschutzbund oder der Polizei beratschlagen.

4.2 Eltern müssen wie Freunde für ihre Kinder sein

> „Mama, ich habe jetzt eine Freundin! Bring mir Kondome mit, wenn du das nächste Mal
> einkaufen gehst!"
>
> (Ein 14-Jähriger zu seiner Mutter … und sie hat es getan.)

Erziehungsarbeit ist
- Beziehungsarbeit auf der Konflikt- und Problemlöse-Ebene
- Zivilisierungsarbeit auf der Modell- und Vorbild-Ebene
- Sisyphusarbeit auf der Zeitschiene, denn die Erfolge lassen manchmal auf sich warten und stellen unsere Geduld auf eine harte Probe

„Ich möchte aber die Freundin meiner Tochter sein, ich will das gar nicht immer bestimmen", sagen mir Mütter häufig. Väter sagen eher: *„Meine Kinder sollen wissen: Das ist der Kumpel, auf den ich mich verlassen kann."* Wie soll ein Kind das verstehen? Es kann im Leben viele Freundinnen und Freunde haben; Mutter und Vater gibt es nur einmal.

Wer seine Töchter und Söhne fragt, erhält keinen uneingeschränkten Applaus für das liebevoll gemeinte Angebot „Freundschaft" mit Mutter und Vater. Kinder haben viele Kumpels, Freundinnen und Freunde, aber nur eine Mutter und nur einen Vater, und in dieser Rolle sind sie unersetzbar; deshalb sollten sie diese Rolle akzeptieren und verantwortungsvoll besetzen.

Das wollten wir auch Melanies Mutter deutlich machen, nachdem ein Lehrer Melanie in der Schule beim Rauchen erwischt hatte:

Kollege H.: „Was machen Zigaretten in deiner Schultasche, Melanie? Du darfst doch noch gar nicht rauchen."

Melanie: „Natürlich darf ich rauchen. Meine Eltern erlauben mir das."

Kollege H.: „Mit 14 darfst du nicht rauchen."

Melanie: „Das dürfen Sie ja nicht bestimmen, wenn meine Eltern mir das erlauben."

Kollege H.: „Mit 14 darfst du nicht rauchen. Das bestimmt das Jugendschutzgesetz, und deshalb behalte ich diese Zigaretten."

Melanie: „Das dürfen Sie nicht. Die gehören nämlich meiner Mutter."

Kollege H.: „Dann erklär du deiner Mutter, dass du Zigaretten mit in die Schule bringst. Deine Mutter kann dann gern bei mir vorbeikommen und sie sich abholen."

Kurz nach Schulschluss erschien Melanie mit ihrer Mutter und ihrer Oma in der Schule. Oma übernahm das große Wort. Kollege H. und ich führten das Gespräch gemeinsam.

Oma: „Also, eins will ich Ihnen jetzt mal sagen: Unsere Melanie darf rauchen, das erlauben wir ihr, weil wir Verständnis dafür haben, meine Tochter und ich, wir rauchen nämlich selber, und wir wollen verhindern, dass unser Kind heimlich in den Büschen raucht. Oder sich Zigaretten irgendwo klaut."

Wir: „Haben wir das richtig verstanden: Sie rauchen beide – und haben dem 14-jährigen Kind Raucherlaubnis erteilt, weil sie glauben, sie könnten dadurch Schlimmeres verhüten, z. B. heimliches Rauchen oder Zigarettenklau?"

Mutter: „Ja, genau, und außerdem rauchen an dieser Schule ja wohl schon 12-Jährige, da kann es ja wohl nicht angehen, dass ich jetzt wegen jeder Zigarette, die meine Tochter raucht, hierher kommen muss."

Wir: „Sie haben ja recht damit, dass hier auch schon jüngere Schüler versuchen zu rauchen – aber was wollen Sie damit sagen? Sollen wir Ihrer Tochter das Rauchen erlauben, weil es hier auch schon Jüngere versuchen?"

Mutter: „Natürlich. Und als ich selber noch hier zur Schule gegangen bin, ist sogar ein Lehrer mit der Pfeife im Mund über den Schulhof gegangen. Und die Lehrerin P. weiß auch, dass unsere Melanie raucht."

Oma: „Deshalb war unser Kind auch nicht mit auf der Klassenfahrt, weil wir gesagt haben, das kannst du ja gar nicht eine Woche aushalten ohne Rauchen. Da hat der Rektor übrigens gesagt, wenn sie es hier heimlich tut, dann kann sie es auf der Klassenfahrt heimlich machen. Das kann ja wohl nicht angehen. Heimlich! Das wollen wir ja gerade verhindern."

Wir: „Ihre Tochter ist 14. Die darf nicht Autofahren, die darf keinen Alkohol trinken und die darf nicht rauchen."

Mutter: „Autofahren ist ja wohl was ganz anderes."

Wir: „Also, wissen Sie: Wir verstehen gut, dass Sie sich in einem Dilemma befinden. Wenn Sie als Mutter und Oma selbst rauchen, können Sie Ihrem Kind gegenüber nicht glaubhaft vertreten, dass Rauchen gesundheitsschädlich ist."

Oma: „Genau. Das meinen wir. Und deshalb erlauben wir es ihr ja."

Wir: „Frau A., was Sie zu Hause erlauben oder verbieten, haben wir von hier aus nicht unbedingt zu beurteilen, aber: Es gibt Stätten wie Krankenhäuser, Bahnhöfe, Busse, Kaufhäuser – da herrscht absolutes Rauchverbot, stimmt's?"

Oma: „Ich kann Ihnen sagen. Die verbieten einem demnächst noch das Atmen."

Wir: „Frau A., dies ist eine Sek-I-Schule und hier haben Schüler Rauchverbot."

Mutter: „Aber wir sagen es Ihnen doch: Unser Kind darf rauchen, weil wir es von Haus aus erlauben."

Wir: „Wenn Sie auf dieser Auffassung beharren, dann könnte es sein, dass wir das Jugendamt benachrichtigen müssen, weil Sie bewusst ein Gesetz zum Schutze der Jugend übertreten. Ist Ihnen das gar nicht klar?"

Mutter: „Sie wollen mir jetzt drohen? Glauben Sie etwa, ich komme jetzt wegen jeder Zigarette hierhin, die meine Tochter raucht?"

Wir: „Als Mutter haben Sie das Sorgerecht und vor allem auch die Pflicht und die Verantwortung, Ihre minderjährigen Tochter vor gesundheitlichen Schäden zu bewahren."

Oma: „Das ist ja lächerlich – jetzt will ich nur noch eins wissen: Rauchen Sie?"

Wir: „Wir sind Nichtraucher."

Oma: „Das habe ich mir gedacht."

Das Gespräch endete unversöhnlich, hatte aber den Ertrag, dass es Melanies Mutter in der nächsten Zeit zuviel wurde, die Zigarettenpäckchen ihrer Tochter persönlich in der Schule abzuholen. Als sie dann merkte, dass es ihre Zigarettenpäckchen waren, mit denen sich ihre Tochter leichtsinnigerweise auch noch jeden Tag erwischen ließ, wurde ihr das zu teuer. Auf Umwegen hielt sie ihre Tochter schließlich dazu an, das Rauchen in der Schule zu unterlassen.

Schüler wie Melanie haben durch ihre Eltern mit einer gewissen Leichtigkeit gelernt, kritische Lehrerbemerkungen in Elternsprechstunden umzudeuten: *„Das war bei dir doch früher auch so, Mama, ne?"* *„Ja, klar. Ich weiß auch gar nicht, warum sie heute so einen Wind um diese Erziehung machen. Sie sind ja strenger, als die Lehrer bei uns früher waren."*

Stimmt. Als die Generation von Melanies Mutter zur Schule ging, also etwa in den 80er-Jahren, haben wir noch daran geglaubt, dass Kinder sich von allein gut entwickeln würden, wenn wir ihnen nur ihren Willen ließen. Mehr noch: Um Emanzipation zu ermöglichen, haben wir die Kinder sogar aufgefordert, rote Linien zu überschreiten. Heute sind wir weiter (siehe Seite 89 ff.).

Indem sich Eltern mit ihren Kindern gegen die Schule verbünden, missverstehen sie nicht nur die Aufgabe, die ihnen als Eltern obliegt, sie missverstehen auch gründlich das Prinzip Freundschaft. Als Erziehungsberechtigte sind sie auch Erziehungsverpflichtete und für das Wohl ihrer Kinder verantwortlich. Als Erwachsene sollten sie sich längst aus der Perspektive der Kinder gelöst haben. Alles andere ist falsche Kumpanei. Und das gilt nicht nur für die Solidarität beim Rauchen.

Unsere Bündnisse für Bildung und Erziehung ermöglichen nicht nur gute Ergebnisse für das einzelne Kind. Die Ergebnisse fließen auch in die Qualität des Systems „Klasse" ein. Bei guter Kooperation zwischen Lehrern und Eltern kann nämlich gemeinsam erreicht werden, dass

- problematische Situationen nicht eskalieren,
- sich einzelne Schüler nicht kriminalisieren oder anfällig werden für Drogenkonsum,
- Eltern informiert werden, wenn sich schlechter Umgang anbahnt,
- Kinder aufgefunden werden, wenn sie abgehauen sind.

Weil eine Zusammenarbeit zwischen Eltern und Lehrkräften zu so guten Ergebnissen führt, machen wir uns Sorgen wegen derjenigen, die unsere Bemühungen als unerwünschte Einmischung in ihre Angelegenheiten zurückweisen oder in erschreckende Unschulds- oder Verantwortlichkeitstheorien verfallen wie Melanies Oma.

Wenn es darum geht, einem Kind zu helfen, das in seinen Entwicklungs- und Lernprozessen stockt, gibt es eigentlich keine Alternative zu Ehrlichkeit und Offenheit auf beiden Seiten, der Schule und dem Elternhaus.

Die konspirative Geheimhaltung seiner Eltern hatte ungewollt dramatische Auswirkungen für Kianu, den Sohn einer kenianischen Mutter, Stiefsohn ihres deutschen Ehemannes. Schon an seiner Grundschule, später noch an drei Hauptschulen, hatte sich Kianu übel benommen. In der 8. Klasse schließlich galt er als unbeschulbar. Wenn seine Mutter in Tränen ausbrach, kommentierte der Junge mit überlegener Miene: *„Du wirst sehen, ich bleibe immer bei dir und du bleibst immer bei mir! Verlass deinen Mann, diesen Schwachkopf."*

Lehrpersonen, die dies mithörten, reagierten empört: „Das können Sie sich doch nicht bieten lassen, Frau N., das ist doch Ihr Sohn. Der spielt sich auf wie Ihr Partner. Sie können sich doch nicht so erpressen lassen. Da muss doch auch Ihr Mann mal ein Machtwort sprechen."

Ungerührt setzte Kianu gewalttätige Handlungen gegenüber Mitschülern und Lehrkräften und offenen Konsum von Rauschmitteln in der Schule fort. Er war an der Schule für niemanden mehr zu erreichen. Ich habe nie erfahren, was aus Kianu geworden ist. Aber sehr viel später stellte sich heraus, dass auch wir dem Jungen Unrecht getan hatten – denn sein Stiefvater führte ein Doppelleben als Frau.

Zusammenfassung

Der Blick hinter die Kulissen eines Elternhauses kann aufschlussreich sein, wenn wir betrachten,

- in welcher gesellschaftlichen Nische ein Kind aufwächst,
- welchen Irrtümern ihre Eltern in Erziehungsfragen unterliegen,
- mit welchen Risikofaktoren der Schulbesuch generell verbunden sein kann.

Zu authentischen Erfahrungen kommt es eher ungeplant, rein zufällig. Betroffene Familien wenden viel Energie auf, um ihre Belastungen in Tabuzonen zu verschieben. Auf der Suche nach Erklärungen für Lernblockaden, Verhaltensauffälligkeiten oder Vermeidungsverhalten unserer Schüler sind wir nicht immer erfolgreich.

Festzuhalten ist, dass sie unser Verständnis brauchen können, ohne dass wir uns mit ihrem Verhalten einverstanden erklären müssen.

4.3 Kinder hören nicht auf das, was man ihnen sagt

> „Sie interessieren sich doch immer für Erziehung und so.
> Bei mir nebenan wohnt eine Frau,
> die sagt den ganzen Tag zu ihrer Tochter:
> ‚Sarah, lass das. Sarah, lass das. Sarah lass das.'
> Ich glaube, die Tochter denkt, sie heißt ‚Sarah-lass-das'."
> (Frau J., Reinigungskraft)

> „Und wenn du jetzt nicht still bist,
> dann dreht der Pilot mit der Maschine um."
> (Eine Mutter im Flugzeug zu ihrem schreienden Dreijährigen)

Auf der ganzen Welt glauben Erwachsene, sie könnten kindliches Verhalten in positive Bahnen lenken, indem sie es vorwurfsvoll beschreiben.

Zum Beispiel zu Hause:
- „Nie hörst du, was ich dir sage."
- „Hier sieht es ja wieder schlimm aus."
- „Du bist ja immer noch nicht fertig mit deinen Hausaufgaben."
- „Ist es denn die Möglichkeit, du kommst ja schon wieder zu spät."

Zum Beispiel in der Schule:
- „Wie sieht es denn hier wieder aus."
- „Natürlich muss Sven wieder seine Kommentare dazu geben."
- „Nie macht ihr in den Pausen die Fenster auf."
- „Was kann ich von dir schon erwarten?"

Weil Kinder von klein auf solche Vorhaltungen hören, wissen sie auch von klein auf, was sie davon zu halten haben:
- „Ja. Stimmt genau. Ich tue nicht, was sie sagt."
- „Es sieht hier schlimm aus."
- „Meine Hausaufgaben sind noch nicht fertig."
- „Und zu spät komme ich auch wieder. Es ist die Möglichkeit."

Und in der Schule:
- „Es sieht hier wieder aus. Genau."
- „Sven muss seine Kommentare geben."
- „Wir machen die Fenster in den Pausen nicht auf. Stimmt."
- „Meine Lehrerin kann schon etwas von mir erwarten."

Lehrer wie Eltern können jedoch in Rage geraten, weil sie davon überzeugt sind, ihre Vorhaltung habe den Aufforderungscharakter, etwas an der bestehenden Situation, mit der doch alle unzufrieden sind, zu ändern. Mitnichten.

Wenn Eltern oder Lehrkräfte wollen, dass ein Kind einen für sie unerträglichen Zustand in einen erträglichen verwandelt, müssen sie ihr Anliegen eindeutig formulieren. Die bloße Beschreibung ist ungeeignet. Deshalb lauten die sinnvollen Formulierungen der oben bezeichneten Elternwünsche:

- „Hör mir zu." „Es ist mir wichtig." „Sieh' mich (bitte) an." „Bleib hier, wenn ich mit dir rede."
- „Diese Unordnung nehme ich nicht länger hin. Du räumst auf! Jetzt/heute Abend/morgen früh" o. Ä.
- „Ich sehe, dass du deine Hausaufgaben noch nicht beendet hast. Ich möchte jetzt eine klare Auskunft, wie lange du noch benötigst/woran das liegt" o. Ä.
- „Ich beobachte seit Tagen, dass du morgens vor der Schule trödelst. Ich frage mich, warum es dir nichts ausmacht, zu spät zu kommen. Ich werde in den nächsten Tagen mit deiner Lehrerin darüber sprechen."

Weil Kindern von Haus aus sehr vertraut ist, dass an sie Forderungen ohne Folgen gestellt werden, bleiben die Folgen für die Schule nicht aus.

Wann immer Svenja zu Hause hört, dass sie aufhören soll zu telefonieren, dass sie zum Essen kommen soll, dass sie ihr Zimmer aufräumen soll, dass sie Mama in der Küche helfen soll, was auch immer sie hört, sie schaltet ihre Ohren „auf Durchzug". Mama meint nicht, was sie sagt. Das bestätigt ihre Mama ihr auch jeden Tag, indem sie nicht darauf besteht, was sie jeweils aufruft. Sie ärgert sich immer, fragt sich insgeheim, woran es liegt, dass andere Kinder kommen, wenn sie von ihren Müttern gerufen werden, kommt aber zu keinem Ergebnis. Sie hat ihre Tochter natürlich sehr gern und ist sehr interessiert an ihrem Schulerfolg. Sie fragt Svenja jeden Nachmittag, wie ihr Schultag war.

Ich lernte Svenja als eifrige Bildchen-Sammlerin kennen, und wenn ich an sie denke, wird mir bewusst, wie schnell populäre gesellschaftliche Zwänge unter Kindern aufblühen und wieder vergehen. Außerdem denke ich an ihre beispielhafte Art, sich meine Ansagen als „Doppelbotschaften umzudeuten", wie sie es aus langjährigen Erfahrungen mit ihrer Mutter gewohnt war.

Ich: „Svenja, die Stunde hat angefangen. Setz dich auf deinen Platz."

Svenja: „Ja, Frau Kreter."

Svenja bleibt ungerührt stehen und tauscht weiter ihre Bildchen. Im Gegensatz zu Svenja ist ihre Tauschpartnerin aber irritiert. Sie zischelt: *„Du sollst dich hinsetzen, Svenja."*

Svenja: „Lisa, schnell, mach weiter. Du wolltest mir das mit der Prinzessin geben."

Lisa: „Frau Kreter guckt doch."

Svenja: „Ist doch egal."

Ich: „Svenja, setz dich."

Svenja: „Ja, hab ich doch gehört."

Sie bleibt stehen und setzt ihren Tauschhandel fort.

Ich: „Svenja."

Svenja: „Ja, ej, Manno."

Sie blieb weiter stehen und wollte auch weiter tauschen, als Lisa ihre Bild-chen schon weggeräumt hatte und mich schuldbewusst anschaute. Ich hak-te Svenja unter und bugsierte sie an ihren Platz. Selbstverständlich versuch-te Svenja in der nächsten Stunde wieder ihre Machtprobe mit mir, und sie kokettierte mit dem Gedanken, auch die schuldbewusste Lisa auf ihre Seite ziehen zu können. In der ersten Stunde war ich geduldiger als in der vergan-genen – Svenja und ihre Klasse erlebte mich mehrfach ungeduldig und laut.

Nach einer dieser letzten Stunden rief mich Svenjas Mutter an, um mir mitzuteilen, dass ich meine Ansagen an ihre Tochter doch auch ein bisschen freundlicher formulieren könne. Wir haben uns aber sehr nett und konstruk-tiv unterhalten können, weil Svenjas Mutter verstand, warum selbst die ein-fachsten Abläufe auch zu Hause immer so aufwändig und energiezehrend waren.

Ähnlich aufwändig und kräftezehrend können sich Wenn-dann-Ankün-digungen erweisen, obwohl sie wirkungsvoll sind, wenn wir als Eltern oder Lehrer tun, was wir zuvor angekündigt haben. Wenn wir allerdings nachläs-sig sind mit der Einlösung unserer Ankündigungen, dann müssen wir auch hier zur Kenntnis nehmen, dass Kinder und Heranwachsende für sich ver-buchen: *„Die Erwachsenen reden wieder nur, die machen ja nichts."* Daraus wiederum schlagen sie bewusst oder unbewusst Kapital für sich (siehe Sei-te 45 ff.).

Wenn eine gestresste Mutter, bevor das Kind den Schulweg angetreten hat, morgens erklärt: *„Und wenn du jetzt nicht etwas schneller machst, dann darfst du heute Mittag dein Smart Phone nicht benutzen"*, dann mag sie damit Erfolg haben, wenn ihr am Nachmittag diese Ankündigung noch im Gedächtnis ist und sie sie umsetzt. Wahrscheinlicher ist allerdings, dass es ihr am frühen Nachmittag zu anstrengend ist, auf die Herausgabe des Handys zu bestehen. Und schon wieder hat ein Kind gelernt: *„Meine Mutter redet ja nur, die macht ja nichts."*

Nichts ist anders, wenn das auch Lehrkräften passiert: *„Wenn du morgen keine Hausaufgaben hast, muss ich deine Eltern anrufen."* Hand aufs Herz: Wie oft haben Sie solche Ankündigungen schon vergessen? Aus vielen nachvollziehbaren Gründen: Das Telefon war in jeder Pause besetzt. Die Kollegin hat Sie in ein Gespräch verwickelt. Sie mussten sich um ein weinendes Kind kümmern. Der Medientransport in die 7a nahm Sie in Anspruch. Vergessen ist menschlich. In meiner aktiven Zeit bin ich dazu übergegangen, notwendige Gespräche von meinem Handy direkt aus der Klasse zu führen. Damit bekam die ganze Klasse mit: *Die tut, was sie sagt.* Die Klasse sitzt auf ihren Stühlen – gespannt wie die Flitzebögen. Sie können eine Stecknadel fallen hören und in aller Ruhe mit einem Vater oder einer Mutter sprechen; und wenn es nur eine Ansage auf die Mailbox ist.

4.4 Wer Kinder liebt, ist ihnen gegenüber nachsichtig

> „Wenn meine Mutter wüsste,
> was ich alles kann,
> müsste ich den ganzen Tag arbeiten!"
> (Postkartenspruch)

Verlässlichkeit, Beständigkeit, Liebe und Respekt gehören zu den Rahmenbedingungen, in denen sich Kinder sicher fühlen, selber erfahren können, schließlich Resilienz für sich erwerben. Das alles bildet die Grundausstattung, mit der sie widerstandsfähig und selbstbewusst in ihr eigenständiges Leben hinübergleiten können.

Unser Zusammenleben funktioniert nach Regularien, die transparent, altersgerecht und fair für jeden sein können. Ausnahmen darf es geben. Aber die müssen eben Ausnahmen bleiben und dürfen nicht zur Regel werden. Aber wie wirken solche mit zuckersüßer Stimme vorgetragenen Sätze?

> „Wärest du bitte so gut, Liebling, und hörst mir zu? Nur ganz kurz?"

> „Sei doch mal so lieb und räum die Sachen weg, mir zuliebe, Schatz, bitte."

> „Bitte tu mir doch die Liebe und mach endlich deine Hausaufgaben."

> „Würdest du mir zuliebe beim nächsten Mal etwas pünktlicher sein?"

Das ist höflich, von Eltern und Lehrern gewinnend gemeint, viele betonen in Erläuterungen und Rechtfertigungen die Wichtigkeit ihrer Vorbildfunktion. Sie verwenden das Zauberwort „bitte". Das Wort allein wird von vielen schon als Sinnbild guten Benehmens genutzt und gilt als Zauberwort in verfahrenen Situationen. Eine Bitte ist aber nur eine Bitte. Ihr kann man freundlicherweise nachkommen oder sie, ohne Risiko für sich selbst, ablehnen.

Weil ihr Risiko gering ist, weisen Kinder freundlich vorgetragene Bitten auch gern zurück. Schlimmstenfalls lösen sie Entsetzen, Empörung und/oder eine gewisse Traurigkeit bei ihrer Mutter aus: *„Ich habe dich so freundlich gefragt – dann kannst du mir die Liebe doch tun." „Ja, stimmt ja"*, mag ein Kind dann denken, *„aber ich finde, du beachtest mich nicht genug. Wie ich dich kenne, schenkst du mir mehr von deiner Aufmerksamkeit, wenn ich dir diesen Gefallen gerade jetzt nicht tue."*

In einem Elternseminar erzählte einmal eine Mutter von einer Begebenheit, von der alle Anwesenden nachhaltig profitieren konnten:

„Ich war einmal ziemlich krank. Grippe, Fieber, Gliederschmerzen, es ging mir richtig schlecht. Deshalb sagte ich zu meinem 12-jährigen Sohn (Tonfall ist lieb, freundlich, flehend): ‚Sven, sei doch bitte so gut und nimm die Wäsche im Keller ab – mir zuliebe.‘ Darauf antwortete mein Sohn: ‚Nein, Mama, geht nicht.‘ Ich hätte heulen können, so fertig war ich. Und dann sagte mein Mann (sie imitiert einen barschen Tonfall): ‚Sven, ab in den Keller, Wäsche abnehmen.‘ – Ich traute meinen Augen nicht. Da tut der Junge das.“

Besonders Mütter und junge Lehrer irritiert es, dass sie mit ihrer konsequent freundlichen Ansprache ihre Kräfte nicht immer rentabel einsetzen. Anstatt sich Tag für Tag eine Abfuhr zu holen, sollten sie mit Alternativen experimentieren und den schon erwähnten Lehrsatz umsetzen:

In definierten Situationen und wenn sie sich ihrer Sache sicher sind,
diskutieren Lehrkräfte nicht:
Sie ordnen an.

Das Recht haben Sie. Das steht Ihnen zu. Mit klarer, verständlicher, deutlicher Ansprache wird kein Menschenrecht verletzt. Kinder und Jugendliche wissen Deutlichkeit zu schätzen. Für die vielen „zugetexteten“, irritierten, desorientierten, regelrecht „ver-rückten“ Kinder der Gegenwart ist es eine Gnade zu erfahren: *„Die/Der spricht mich mit kurzen knappen Worten an, die ich verstehe. Ich weiß, was er meint und er meint, was er sagt.“*

Ricos Mutter habe ich vor längerer Zeit sehr bemitleidet, weil ihr Sohn sie so respektlos behandelte. Es war jedoch auch sonnenklar, dass er durch ihr diffuses Verhalten gelernt hatte, so zu sein.

Schon mit zwei Jahren haute Rico seine Mutter ins Gesicht, wenn er seinen Willen nicht bekam. Sie lachte. Sie empfand die Schläge als sanftes Tätscheln, gab ihm ein Küsschen und sagte: *„Na gut, dann will ich mal nicht so sein.“* Als Rico in der Grundschule war, taten ihr die Ohrfeigen von Kinderhand schon längst weh. *„Mensch, Rico. So geht das aber nicht. Das ist jetzt aber das letzte Mal, dass du deinen Willen kriegst.“* Schließlich war Rico in der Pubertät, seine Schläge schmerzten, und seine Mutter weinte; sicherlich nicht nur in der Elternberatung: *„Ich habe dem Jungen doch immer alles gegeben, was er wollte. Was habe ich ihm denn getan, dass er mich so schlecht behandelt?“*

Ricos Mutter hatte ebenso ignoriert, wenn ihr Sohn anderen Kindern weh tat oder ihnen ihr Spielzeug wegnahm. Deshalb hatte es auch in der Schule niemand leicht mit ihm. Er kniff und knuffte seine Mitschüler. Alle regten sich auf – nur Rico fand nie etwas dabei *„Ich hab doch nichts gemacht, ej, ich mache doch gar nichts. Immer ich, ej.“*

Hände aus den Hosentaschen und Blickkontakt herstellen: Das sind zwei äußere Zeichen, auf die Erzieher, Lehrer, Mütter und Väter in Erziehungsgesprächen Wert legen müssen, weil ihnen Kinder und Heranwachsende damit ihre respektvolle Grundhaltung veranschaulichen. Werten Sie sich nicht selbst herab, indem Sie flegelhafte Sitzhaltung, lautes Gähnen oder ungehörigen Tonfall hinnehmen. Die Kinder machen sonst klug und forsch nach Kinderart die Erfahrung *„Na ja, wenn ich mich bei dem Gespräch flegeln kann, kann es ja alles nicht so bedeutsam sein"*... Deswegen hier noch einmal zur Erinnerung: Was ein Kind erfolgreich tut, wiederholt es.

Und wenn es schon die Hände aus den Taschen genommen hat und uns auch schon anschaut, aber körpersprachlich immer noch signalisiert, dass es sich aus seiner despektierlichen Haltung eigentlich nicht herauswinden will und es uns in seiner unnachahmlichen Art etwa entgegenschleudert: *„Was soll das Ganze hier denn überhaupt? Meinen Sie vielleicht, dass ich mich ändere?"*, braucht es diese Antwort: *„Ich will das so. Und weißt du, warum? Weil du mir wichtig bist."*

Niemals habe ich erlebt, dass dieser Satz seine Wirkung verfehlt. Auf der Stelle spielt sich etwas hinter der Stirn des Kindes ab. Es verändert seine Haltung, seine Mimik und seine Gesichtsfarbe.

Eher zufällig habe ich irgendwann wahrgenommen, dass die zahllosen Gerichtsshows in deutschen Fernsehprogrammen gute schulpädagogische Fortbildungsmodelle sein können. Vorausgesetzt, man schaut sie unter dem Aspekt an, wie flegelhaftes Benehmen gerügt wird. Hier eine Kostprobe:

Richter: „Tun Sie nicht so gelangweilt. Wir erwarten hier etwas mehr Achtung."

„Und Sie beherrschen sich jetzt. Das kann das Gericht von Ihnen verlangen."

Jugendlicher: „Das ist doch alles totaler Schwachsinn."

Richter: „Schwachsinn ist es nie, wenn der Herr Staatsanwalt eine Anklageschrift verfasst."

Ein Jugendlicher reagiert auf einen Kommentar aus dem Publikum:

Richter: „Du hast hier nicht für Ordnung zu sorgen. Deine Rolle ist hier, still zu sein."

Angeklagter: „Jetzt hören Sie doch auf mit der Show hier. Das ist doch alles Schwachsinn."

Staatsanwalt: „Ich erzähle hier keinen Schwachsinn. Wenn man schon so etwas anrichtet wie Sie, dann sollte man wenigstens dazu stehen."

Und endgültig nachdenklich wurde ich nach dieser Zurechtweisung einer Richterin:

„Du hörst mir jetzt gut zu. Du kannst hier nicht machen, was du willst. Du bist hier vor Gericht und nicht in deiner Schule."

Zusammenfassung

Kinder und Jugendliche verdienen Nachsicht und Unterstützung in jedem Kontext, der sie entwicklungspsychologisch überfordert.

Nachsicht ist aber immer unangebracht, wenn die Würde eines Menschen angetastet wird – körperliche und verbale Übergriffigkeiten, Beleidigungen, Hass, Verachtung, Ruppigkeiten usw. muss niemand hinnehmen und schon in Kitas können Kinder Verantwortung übernehmen, wenn sie eine „rote Linie" überschritten haben. Schulkinder können dies erst recht.

4.5 Guter Unterricht kompensiert Erziehungsdefizite

„Kindererziehung ist die letzte Domäne der reinen Amateure."
(Anonym)

Ältere Kollegen im Schuldienst wurden noch in einer Zeit ausgebildet, als es in den Hochschulen und in den Lehrerseminaren hieß, Erziehung sei Privatsache, Erziehung ginge die Schule nichts an. Zu Beginn einer Unterrichtsstunde habe man zu motivieren, intrinsisch oder extrinsisch (Robert Mager). Wenn ein einzelner Schüler mal nicht so gut drauf wäre – hätten wir ja alle mal – spräche man ihn freundlich an. Dann könnten Erziehungsprobleme in der Schule doch gar nicht erst auftreten. Seither buchten Lehrer unzählige gut vorbereitete Stunden ab unter ihrer eigenen geheimen Rubrik: *„Wieder erfolglos motiviert – Ich bin ein looser, ein Versager."*

Allein durch guten Unterricht können Erziehungsdefizite eben nicht kompensiert werden. Aber Erziehungsdefizite sind in der Lage, guten Unterricht schon im Ansatz zu sabotieren. Die Dialoge, die sich zwischen Lehrkräften und „aufsässigen" Schülern entspinnen können, sind schon kräftezehrend und monströs, wenn der Unterricht noch nicht einmal begonnen hat.

Beispiel 1

Lehrerin: „Sven, nimm den Kaugummi aus dem Mund."

Sven: „Wieso das denn?"

Lehrerin: „Du kennst die Regel, dass Essen und Trinken im Unterricht verboten sind."

Sven: „Ich esse doch nicht. Ich kaue doch bloß."

Er hat die Lacher in der Klasse auf seiner Seite. Und der Lehrerin kriecht der kalte Schweiß hoch.

Lehrerin: „Sven, weg mit dem Kaugummi."

Sven: „Wo soll ich den denn hintun?"

Lehrerin: „Das ist dein Problem."

Sven: „Das wird ja immer schöner, ej. Sie wollen, dass ich … ej. Die spinnt total die Alte.

Meinen Sie, ich kleb das unter den Tisch, ej? Dann kriege ich noch Ärger mit dem Hausmeister wegen Ihnen."

Lehrerin: „Weg mit dem Kaugummi."

Sven: „Sie können mich mal am Arsch lecken!"

Und so weiter und so weiter. Eine häufige Szene ist auch diese:

Beispiel 2

Lehrer: „Marvin, du gehst jetzt bitte auch auf deinen Platz."

Marvin: „Das geht jetzt aber nicht."

Lehrer: „Marvin, ich warte darauf, dass wir uns jetzt alle begrüßen können."

Marvin: „Ja, machen Sie doch."

Lehrer: „Alle stehen an ihren Plätzen, Marvin. Wir warten nur noch auf dich."

Marvin: „Ich muss aber noch eben meinen Bleistift ..."

Lehrer: „Jetzt nicht. Geh an deinen Platz, Marvin."

Marvin: „Ja, warten Sie."

Er geht natürlich nicht an seinen Platz, spitzt da, wo er steht, noch seinen Bleistift an, reklamiert, den Abfall jetzt nicht zu Boden fallen lassen zu können und täuscht damit noch ausgefeiltes Sozialverhalten vor. Auf dem Rückweg macht er eine Runde durch die Klasse, indem er hier einen anrempelt, dort eine kneift, vom nächsten Tisch etwas wegnimmt. Das ist dann der Auftakt zu einer Hetzjagd durch die Klasse, an der sich noch weitere Schüler beteiligen. ... Ende offen.

Die Lehrperson ist nach so einem Ereignis nassgeschwitzt und stets voller Selbstzweifel: War ich im Recht? Zu streng? Zu insistierend? Gab es den Punkt, an dem ich geschmeidiger hätte sein können? Wie werden andere damit fertig? Muss ich vielleicht toleranter sein? Was kann Marvin denn dafür, dass ich vergangene Nacht so schlecht geschlafen habe?

Beispiel 3

Eine Hauswirtschaftslehrerin schickte einen Schüler, der auf einen Teller gespuckt hatte, zum Schulleiter. Dem gegenüber behauptete der Junge, er habe das nicht getan. Der Schulleiter holte die Hauswirtschaftslehrerin hinzu und teilte ihr in Gegenwart des Jungen mit, in dem Fall stehe somit Aussage gegen Aussage; er könne nichts weiter für sie tun.

Der Fall liegt einige Jahre zurück. Die Lehrerin fühlt ihre Kränkung bis heute.

Beispiel 4

Der Direktor eines Gymnasiums ist in verschiedenen politischen Ämtern tätig und Hoffnungsträger seiner Partei. So oft sich Eltern in „Rechtsanwaltsrolle" für ihre Kinder an ihn wenden, zitiert er die betroffene Lehrkraft herbei, erteilt strenge Weisung, unverzüglich im Sinne der Eltern zu handeln, d.h. Konferenzbeschlüsse rückgängig zu machen, Noten zu verändern, Klassenbucheinträge zu löschen und in Zukunft Milde walten zu lassen.

Was er damit erreicht? Wählerstimmen. Eltern preisen ihn als schülerfreundlich und bürgernah. Dass er nur selten in seiner Schule ist, halten sie ihm unter diesen Umständen nicht vor. Im Kollegium ist jedermann bemüht, Schwierigkeiten so zu managen, dass sie bloß nicht dem Direktor über die Elternschaft bekannt werden können. Als „Gute Schule" kann dieses Gymnasium wohl eher nicht bezeichnet werden.

Beispiel 5

In einer Kleinstadt rief ein Handwerksmeister den Leiter einer Berufsschule an. Sein Sohn könne eine Lehrstelle bekommen, wenn das Zeugnis aus der „Maßnahme" bloß nicht so schlecht wäre. Besonders die Fünf in Religion und die Vier in Deutsch machten einen schlechten Eindruck. Daraufhin führte der Schulleiter tatsächlich ein Gespräch mit dem ehemaligen Klassenlehrer, dem Religionslehrer und der Deutschlehrerin. Alle drei waren jedoch der Meinung, dass dieser Schüler nicht nur faul und ungezogen gewesen wäre, er habe auch hohe unentschuldigte Fehlzeiten gehabt und keine Gelegenheit ausgelassen, sich vor seinen Klassenkameraden als „King Louie" zu präsentieren. Das Abgangszeugnis des Jungen nachzubessern, lehnten sie einmütig ab.

Ein halbes Jahr später erfuhr der Klassenlehrer von einem Vater eines anderen ehemaligen Schülers in einer Kneipe, dass sein ehemaliger Schulverweigerer eine Lehrstelle bekommen hätte. Da die Schule Gefälligkeitszeugnisse ausstelle, hätte er doch auch gern für seinen Neffen ...

Beispiel 6

Einmal mussten wir Christopher mit der Auflage nach Hause schicken, in Begleitung seiner Eltern zurückzukommen. Er ging in die 9. Klasse, war ein kluger Kopf. Als Rückläufer von einer Realschule war er in vielen Fächern Leistungsträger in seiner Klasse geworden. Christopher nahm sich im Unterricht aber permanente Rede-, Lach- und Störrechte. Ermahnungen erreichten ihn nicht, er lachte, redete und nervte seine Mitschüler unentwegt. Mindestens drei in der Klasse hinderte er zu seinem Vergnügen durch direkte Ansprache an ihrer Arbeit. Die beschwerten sich allerdings nicht. Auch sie mochten ihren Klassenclown.

Am Tag danach wurde Christopher von seiner Mutter begleitet, einer vornehm auftretenden, gepflegten, sehr verständnisvollen Frau. Sie erklärte uns mit warmer Stimme, was es mit ihrem Christopher auf sich habe: *„Der kann gar nicht anders. Der war schon immer so. Der hat doch schon seine Grundschullehrerin zur Weißglut gebracht. Letzten Endes musste er ja deswegen auch die Realschule verlassen."* Und sie könne uns nur einen Tipp geben: *„Lassen Sie den doch einfach weitermachen. Seine Leistungen bringt er ja."*

„Einfach weitermachen" war die schlechteste aller möglichen Lösungen. Wir entschieden uns für eine Konfrontation (siehe Seite 80 ff.).

> „Damit wird natürlich manches klar, Frau Z.. Christopher kann sich sein störendes Verhalten seit Jahren erlauben, weil Sie für ihn erklären, er könne nicht anders. Bitte tun Sie Ihrem intelligenten Sohn den größten Gefallen seines Lebens: Fordern Sie ihm das ab, was die meisten Schüler dieser Schule spielend schaffen."

> „Und du, Christopher, du sitzt uns hier gegenüber und lässt durch deine Mutter erklären, du könntest dich nicht an die Klassenregeln halten? Du bist 16 Jahre alt. Du tust doch sonst auch nicht mehr, was deine Mutter sagt."

Christophers Mutter verschlug es die Sprache. Christopher räumte mit hochrotem Kopf ein, er habe verstanden. Gelegentlich verfiel er schon noch in seine alten Verhaltensweisen – aber nun war er kommunikativ erreichbar.

Zusammenfassung

Das Verfahren, dass uns erlaubt, die sozial hinderlichen Faktoren im Verhalten eines Schülers schonungslos aufzudecken, als dissozial zu entlarven und seine Abstellung zu verlangen, stammt aus der konfrontativen Pädagogik. Konfrontation will gekonnt sein und wird nicht aus einem Affekt heraus angewandt. Konfrontative Ansprachen sind wirksam, wenn die Pädagogen sie in einer grundsätzlich wertschätzenden Grundhaltung vortragen. Die Faustformel heißt **A + K = E:** Die Verbindung von 80 Prozent **Akzeptanz** mit 20 Prozent **Konfrontation** kann eine **Entwicklung** einleiten, die den scheinbar unbelehrbaren Schüler nachdenklich werden lässt und verändert. Mehr dazu im nächsten Kapitel.

4.6 Wegen Kleinigkeiten muss man sich ja nicht gleich so anstellen

„Wer kleine Tabus brechen kann,
muss keine großen brechen!"
(Reiner Gall)

Wenn Kinder meiner Generation in der Schule einem Lehrer „Widerworte" gaben oder ihnen Regelverstöße unterliefen, sahen Eltern es zusammen mit den Lehrpersonen als ihre selbstverständliche Aufgabe an, auf das Kind so einzuwirken, dass die Schule eine Garantie für ihren störungsfreien Unterricht erhielt. Dies leider auch unter Anwendung von Methoden, die ich auf keinen Fall wiederbeleben möchte, denn aus heutiger Sicht würden sie als Kindesmisshandlung gelten.

Deswegen wünsche ich mir diese Zeiten auch nicht zurück. Wohl aber wünsche ich mir wieder Eltern, die für ihr Kind so viel Verantwortung übernehmen, dass sie gemeinsam mit den Lehrern so etwas wie einen Erziehungsplan verfolgen. Denn ganz anders als noch bis weit in die siebziger Jahre hinein lehnen immer mehr Eltern es ab, den Interessen der Schule Rechnung zu tragen. Eigentlich sabotieren sie damit die konstruktive Ausbildung ihrer eigenen Kinder.

Svens Mutter (vergl. Vorfall aus dem Kapitel 4.5: „Guter Unterricht kompensiert Erziehungsdefizite") sagte am Elternsprechtag:

> „Mein Gott, Frau Kreter. Wegen dem Kaugummi brauchen Sie sich aber wirklich nicht so zu haben. Der hat doch schon ganz andere Dinger gedreht. Ich wäre ja froh, wenn der bei uns zu Hause nur Kaugummi kauen würde."

Und Marvins Vater (siehe Seite 75 ff.) sagte:

> „Ich finde unseren Sohn in Ordnung, wie er ist. Er setzt sich durch. Das ist doch gut. Ich habe mich das bei meinen Lehrern früher nicht getraut. Aber der Junge lässt sich die Butter nicht vom Brot nehmen."

Was erzieherisch effizient und gewaltpräventiv ist, hat die Fachwissenschaft hinreichend erforscht. Interessanterweise sind es nicht die kleinen Klassen, die hohen Gehälter oder das reduzierte Stundendeputat. Wirkungsvoll ist die Organisationsentwicklung einer Schule auf der Grundlage eines Problembewusstseins für die Risikofaktoren, die die Kinder und Jugendlichen in die Schule tragen.

Täglich um die Aufmerksamkeit von Kindern und Jugendlichen im Unterricht zu kämpfen, ist für viele Lehrkräfte in gleicher Weise Sisyphusarbeit wie für ihre Eltern.

Anderen Berufsgruppen steht offensichtlich noch ein Vokabular für disziplinierendes Auftreten zur Verfügung, das sich Lehrer vielfach neu aneignen müssen. Zu lange waren sie von dem Selbstverständnis erfüllt, dass ihre Ansprache permanent freundlich sein müsste. Aus demselben Anspruch resultierten auch Ausreißer, die sich Kollegen zu Schulden kommen lassen und – wenn überhaupt – nur zögernd zugegeben haben. Hinweise darauf bekomme ich in fast jedem Erziehungsseminar, in dem mich Kollegen fragen: *„Aber was würden Sie denn in so einer Situation sagen? Ich habe überhaupt keine Worte, kein Vokabular dafür.* **Ich weiß auch gar nicht, was man da eigentlich sagen darf.“**

Zusammenfassung

Richtig ist, dass uns Kinder und Jugendliche täglich vor Herausforderungen stellen, für deren Antwort es nicht unbedingt den Königsweg gibt. Hilfreich ist in jedem Fall die Maxime des israelischen Hochschullehrers Haim Omer: **„Du kannst das Eisen auch schmieden, wenn es kalt ist.“**

Das bedeutet: Für den Augenblick der Sprachlosigkeit genügt es, sein Unverständnis, seinen Dissens zum Ausdruck zu bringen; mit dem Subtext: Auf der Handlungsebene weiß ich noch nicht weiter. Ich benötige eine fachliche Rückkopplung mit einem Kollegen oder einer Vorgesetzten. Die hole ich ein und komme dann auf den Fall zurück – rechne damit.

4.7 Auf Pubertierende hat man keinen Einfluss

„Sein Kind in der Pubertät zu lieben,
ist die Kunst, einen Kaktus zu umarmen!"
(unbekannter Autor)

Dies Kapitel könnte auch heißen „Mit 13 kannst du kein Kind mehr erziehen" oder „Dein Kind gehört dir höchstens zehn Jahre." Alle diese Behauptungen sind falsch. In der Pubertät erleben Eltern ihre Kinder so, wie sie sie sich in 10/12/14 Jahren zuvor durch die aktive Gestaltung ihrer Beziehung verdient haben.

Erziehen kann schwerer werden, wenn wir unsere Kinder in ihren liebgewordenen Bequemlichkeiten beschneiden müssen. Es ist aber nicht unmöglich. Es lohnt sich, mit jungen Erwachsenen über ihre gerade hinter sich gelassenen Pubertätserfahrungen zu sprechen. Sie erklären freimütig:

> „Es war gut, dass meine Mutter mir mit 13 den Umgang mit Elisa verboten hat. Die hatte mit Drogen zu tun, und ich war so neugierig darauf. Aber ich weiß nicht, ob ich mein Abi geschafft hätte, wenn meine Mutter mir nicht so konsequent Druck gemacht hätte." (Studentin, 22)

> „Ich habe es ihr damals nicht gesagt, aber als meine Mutter eines Tages in mein Zimmer kam, mir die Decke wegzog und mich anbrüllte, weil ich schon seit drei Tagen den Rasen mähen sollte, hat sie mir richtig imponiert." (Student, 25)

Die Pubertät ist altersgemäß die Zeit des rituellen Tabu-Brechens. Es ist normal, wenn Kinder in dieser Lebensphase Grenzüberschreitungen begehen. Eltern, die glauben, ihnen bliebe etwas erspart, sollten wissen: Kein Mensch kennt Sie genauer als Ihr eigenes Kind. Es wusste schon im Säuglingsalter, welche Botschaften ankamen, was bei seinen Eltern Eindruck hinterließ oder sogar richtig wehtat. Und ein Kind will seinen Eltern wehtun – denn das Vögelchen schickt sich an, aus dem Nest zu fliegen. Wenn es weiterhin lieb, zart, sanft und zärtlich mit seinen Eltern wäre, könnten diese ihm nicht den erforderlichen Schub geben, den es dazu braucht. Als Erwachsene wissen wir, dass wir in dem Alter selbst wenig vermieden und ausließen, was unsere Eltern angriff; auch wir haben ihnen nur wenig erspart.

Es ist kein Zufall, wenn sich die Kinder geduckter Eltern selbst im Leben ducken, wenn die Kinder souveräner Eltern persönlichkeitsstark geraten oder wenn Kinder immer andere für etwas verantwortlich machen, was ihnen selbst nicht gelingt, weil ihre Eltern ihnen im Projizieren schon lebenslängliches Vorbild waren.

Eine Mutter mit einer anarchistischen Grundeinstellung hatte eine entzückende und vielseitig begabte, kleine Tochter. Die Mutter glaubte, sie müsse sie das Rebellieren lehren und entschied für ihre Tochter von klein auf gegen den *mainstream* – permanent.

Als alle Kinder Eis oder Bonbons erhielten, bekam Corinne von ihrer Mama keines. Wenn Corinne dann weinte, war das unerheblich. Als alle Kinder mit bunten Duplos und Legos spielten, bekam Corinne Klötze aus Naturholz. Als die kleinen Mädchen sich wie Prinzessinnen kleiden und schminken wollten, gab Corinnes Mutter ihrer Tochter Hexenkleider und Kernseife. Als für die Schule die modern designte Rechtschreibkartei eines Verlages angeschafft werden sollte, bestand Corinnes Mutter darauf, selbst eine basteln zu können. Als ihre Lehrerin eine Lektüre einführte, musste Corinne mit dem alten Reclam-Heftchen ihrer Mutter vorlieb nehmen. Als Corinne sich für Fernsehsendungen interessierte, schaffte ihre Mutter den Fernseher ab. Als eine Lehrerin versuchte, problemorientiert mit Corinnes Mutter zu reden, meldete sie ihr Kind ab und brachte es an einer neuen Schule unter.

Mit 16 war die Tochter soweit, dass sie an keiner Schule mehr zurechtkam. Und sie verabschiedete sich verächtlich aus dem gemeinsamen Haushalt mit ihrer Mutter. Corinne fand ihre Mutter zum Kotzen. Die Mutter fand ihre Tochter undankbar. Sie wusste nicht, wie sie sich diese Ablehnung verdient hatte. Sie selbst wäre doch glücklich gewesen, wenn sie so eine gesellschaftspolitisch aufgeschlossene Mutter gehabt hätte.

Diese Mutter hatte tatsächlich jeden Einfluss auf das Verhalten ihrer Tochter verspielt und mag letztendlich das Recht haben, im Sinne der Kapitel-Überschrift zu argumentieren.

Wenn Eltern sich so verhalten, entziehen sie den schulpädagogischen Möglichkeiten den Boden. Das renitente Verhalten einer Schülerin wird nachvollziehbar. Aus Sicht der Schule hätte man dieser Jugendlichen schon länger gewünscht, der Absprung von ihrer Mutter würde ihr gelingen.

4.8 Diese neuen Forderungen nach Disziplin verschüchtern und verängstigen doch nur

> „Wir können es wohl nicht verhindern, dass die Schöpfung eine Welt ist,
> in der Kinder gemartert werden, aber wir können
> die Zahl der gemarterten Kinder vermindern."
>
> (Albert Camus)

Im Jahr 1957, an einem Tag im April, hatte ein I-Männchen in Deutschland dieses Erlebnis: 50 Sechsjährige in alten Holzbänken mit eingelassenen Tintenfässern erwarteten stumm an ihrem ersten Schultag ihren Lehrer. Ein knorriger Mann im grauen Anzug trat herein, in der einen Hand einen Stock, an der anderen einen störrischen Achtklässler. Den legte er vor den Augen der versammelten Erstklässler übers Pult, verhaute ihn nach Strich und Faden, schickte den schluchzenden, großen Jungen weg und wandte sich an seine Klasse mit den Worten: *„Und so geht es hier jedem, der nicht tut, was ich will."*

Der Kollege, der mir sein Einschulungserlebnis erzählte, war mit über 50 Jahren noch aufgewühlt und schüttelte in Erinnerung dieses denkwürdigen Ereignisses seinen Kopf.

20 Jahre später: 1977 waren 25 I-Männchen zwei Tage nach den Sommerferien an kleinen Tischen und Stühlen in einem Klassenraum versammelt und erwarteten genauso stumm wie 20 Jahre zuvor ihren Lehrer. Mit großen Augen sahen sie einen schlaksigen, langhaarigen, bärtigen, jungen Mann hereinkommen, bekleidet mit offenem Hemd und Blue Jeans. Der setzte sich auf den Stuhl hinter seinem Lehrerschreibtisch, legte lässig die Beine darauf und wandte sich an seine Erstklässler mit den Worten: *„Eins müsst ihr von Anfang an wissen: Wenn euch hier einer haut, dürft ihr innerhalb 30 Sekunden zurückhauen."*

„Und ich habe gedacht", sagte mir der Kollege, dessen Einschulungserlebnis ich hier wiedergebe, *„ich will hier doch keinen hauen. Ich will doch was lernen."*

Beide Geschichten sind wahr – und grotesk. Sie beleuchten zwei diametrale Erziehungsstandpunkte, deren Untauglichkeit nicht mehr diskutiert werden muss: Beide haben ausgedient.

Es sind keine neuen Forderungen nach Disziplin. In den Ländern, in denen „Bildung und Erziehung" z. B. mit *education, educazzione* oder *educaciòn* bezeichnet wird, ist es nie zu vergleichbaren Diskursen über die Notwendigkeit permissiver Haltungen gekommen. Im Gegenteil: Leistung, Disziplin, Anstrengung und gutes Benehmen sind wohlverstandene Dimensionen ein und desselben Begriffes – in Elternhäusern wie in Schulen. Die

Diffamierung international anerkannter Wertvorstellungen für Kindheit und Jugend war ein „deutscher Sonderweg". Er musste im Kontext unserer nationalen Geschichte (siehe Seite 42 ff.) und mit der Rückbesinnung darauf, dass Lehrer den Status von Führungskräften haben, wohl auch sein

Wir sind heute froh darüber, dass die feindseligen und entwertenden Methoden, unter denen Schüler in der Zeit vor der Bildungsreform in den 60er-Jahren gelitten haben, der Vergangenheit angehören. Genauso konsequent sollten wir aber auch die Methoden ad acta legen, mit denen Eltern wie Lehrkräfte sich ihrer eigenen Möglichkeiten berauben und nachweislich schwächen.

Indem wir dennoch seit den 70er-Jahren den Versuch gemacht haben, einen Traum von nachsichtiger Pädagogik – in der schönen Vorstellung, Kreativität frei zu setzen – zu verwirklichen, müssen wir uns heute im Ergebnis das Gegenteil eingestehen. In den USA gibt es schon seit 1971 Belege dafür, dass die „All-you-need-is-love"-Eltern genauso viele Devianzen bei Kindern produzieren wie die Vertreter der autoritären Erziehung zuvor.

Der nachsichtige Erziehungsstil – „Laisser-faire" – stellt an Kinder und Jugendliche keine oder nur geringe Anforderungen. Ordnung oder Übernahme von Pflichten werden nicht erwartet. Grenzziehung findet gar nicht oder nur mangelhaft statt, denn Eltern trauen es sich nicht zu, das Verhalten ihres Kindes beeinflussen zu können.

Zu nachsichtige Erwachsene gehen übertrieben auf die Bedürfnisse der Kinder ein: Die Kinder entscheiden über Essen, Essenszeiten, Freizeitgewohnheiten, Schlafenszeiten. Kennzeichnend für die Eltern dieser Kinder ist schon im Windelalter der Satz: „In unserer Familie bestimmen die Kinder, wo es lang geht."

Kinder aus solchen Familien erscheinen in der Schule sozial unreif, verfügen nur über wenig Selbstkontrolle, haben nur geringe Frustrationstoleranzen, stellen übertriebene Forderungen und Bedingungen. Wenn man ihnen sagt, was sie zu tun haben, verfügen sie über wenig Durchhaltevermögen. Wenn man sie bittet, etwas zu tun, was sie nicht wollen, sind sie widerspenstig und rebellisch.

Darum favorisieren wir inzwischen den autoritativen Erziehungsstil, der die Rechte der Kinder wie die Rechte der Erwachsenen in den Blick nimmt und beide respektiert. Er ist nicht zu verwechseln mit dem autoritären Erziehungsstil der Zeit vor der Bildungsreform.

Zusammenfassung

Kinder und Heranwachsende dürfen die Ansichten der Erwachsenen hinterfragen. Erwachsene ermöglichen die Verantwortungsübernahme der Kinder für sich selbst. Sie ziehen aber klare und plausible Grenzen, wenn die Kinder in Überforderungssituationen geraten. Wer autoritativ handelt, hat großes Vertrauen in die Selbststeuerungskräfte des Kindes. Autoritatives Handeln ist rational zu begründen – in Gebieten des erwünschten Verhaltens ebenso wie auf dem Gelände der logischen Konsequenzen – wenn es zu Regelüberschreitungen gekommen ist.

Autoritative Pädagogen veranlassen selbstständiges Handeln und begleiten es mit Wärme und Güte, emotionaler Unterstützung und geduldigem Zuhören. Sie ermutigen zu verantwortlicher Mitbestimmung. A.S. Neill beschrieb diese Art von Autorität mit „Schutz, Fürsorge, Verantwortung der Erwachsenen". Er empfahl: *„Die Disziplin in einer Schule kann von der Art einer Orchesterdisziplin sein"*, die einem Dirigenten folge, weil dieser ein gutes Spiel wünsche. Mit dieser Deutung sollte ausgeschlossen sein, dass wir von unseren Schülern Unterwerfung oder soldatischen Befehlsgehorsam einfordern.

5 Fehlentwicklungen verhindern: Zum Eingreifen ist es nie zu spät

„Beginne mit dem Notwendigen.
Dann tue das Mögliche,
und plötzlich wirst du das Unmögliche tun."
(Franz von Assisi)

5.1 Einleitung

Eine Schule ist keine pädagogische Provinz außerhalb oder innerhalb unserer Gesellschaft. Gesellschaftliche Problemlagen schlagen in die Schulen durch. Ob es um Migration und Flucht geht, um gesundes bzw. ungesundes Mensa-Essen, um AIDS oder Sexualerziehung, Homophobie oder Fundamentalismus: Immer werden den Schulen Aufgaben und Beiträge zur Krisenbewältigung durch Erziehung und Bildung zugewiesen, obwohl sie ursächlich nicht verantwortlich sind und hinsichtlich ihrer Handlungsmöglichkeiten nur unzureichende Unterstützung erhalten.

Seit die Schulen durch ihre Ministerien verpflichtet wurden, zur Grundlage ihrer Arbeitsweisen leitbildgebundene Schulprogramme zu formulieren, haben sie aber die Möglichkeit, ihre Profile standortspezifisch zu durchdenken, programmatisch zu schärfen und innovativ auszurichten. So konnte sich vielerorts eine besondere Schulkultur entwickeln – inklusiv, individuell, interessen- oder talentbezogen.

Schulische Bildung und Erziehung ist darauf gerichtet, Schüler durch Selbst- und Mitbestimmung, Solidarität, aufgeklärte Wissens- und Handlungskompetenzen zur Mitwirkung bei der Gestaltung und Lösung gegenwärtiger Probleme und absehbarer Entwicklungen zu motivieren und zu befähigen. Eine besondere Herausforderung ist dabei inzwischen die weltweite Welle antidemokratischer, autokratischer und extremistischer Bewegungen geworden.

Die Gesamtqualität von Schule und Unterricht ist in Deutschland durch die KMK länderübergreifend definiert worden, dokumentiert in der Broschüre „Gesamtstrategie der Kultusministerkonferenz zum Bildungsmonitoring" (siehe Literaturverzeichnis Seite 132). Problementwicklungen, die unter den Stichwörtern wie „Unterrichtsstörungen", „Schulvermeidung" oder „Hasskriminalität" zusammengefasst werden können, sind dort (noch) nicht aufgegriffen, obwohl sie an Schulen

- keine Einzelphänomene sind und
- kolossalen Einfluss auf den Schulerfolg haben können.

Im Rahmen einer bewusst mit Werten und Leitmotiven versehenen Schulkultur kann deviantes Schülerverhalten aber angepackt und in sichere Bahnen gelenkt werden.

5.2 Schulkultur demokratisch gestalten

> "Education is the most powerful weapon
> which you can use to change the world."
> (Nelson Mandela)

Gute Schulen entwickeln ihre Schulkultur unter demokratischer Beteiligung ihrer Schülerschaft. Wenn es nicht gelingt, Individualisierung, Motivierung, Schülerorientierung und Partizipation im Schulalltag erlebbar zu machen, läuft die Leitvorstellung „demokratische Schulkultur" Gefahr, zu einer Sprechblase zu werden.

In den vergangenen Jahren sind gesellschaftspolitische Gründe hinzugekommen, die Schulen veranlassen können, gerade ihre demokratische Grundhaltung stärker zu betonen, zu schulen und zu pflegen. Kinder und Jugendliche aus kriegs- und krisengeschüttelten Herkunftsländern, von denen inzwischen Zehntausende die Schulen in Deutschland besuchen, benötigen spezifische Orientierungen, denn die deutsche Schule befremdet sie und ihre Eltern. Freizügigkeit und Liberalität sind ihnen aus ihren Herkunftsländern mitunter unbekannt – wenn sie dort überhaupt Gelegenheit zum Schulbesuch hatten. Mitten im Leben einer deutschen Schule angekommen, wissen Jungen sehr zu schätzen, dass ihren Lehrern kein Züchtigungsrecht zusteht. Es mutet sie aber seltsam an, dass Mädchen gleichberechtigt sein sollen – und dies umso mehr, wenn es sich um Mädchen aus der eigenen Familie handelt.

Yusuf (15) beanspruchte in seiner Klasse einen Platz in Fensternähe, von dem er gedankenverloren über den Schulhof zu schauen pflegte. So erschien es seinen unterrichtenden Lehrern. Seine Klassenlehrerin wies ihm schließlich einen anderen Platz im Klassenraum zu. Sie tat dies in Erwartung dessen, dass er sich am Unterricht beteiligen würde, wenn er nicht von Schulhofereignissen abgelenkt werden würde. Aber das Gegenteil trat ein. Er wurde nervöser, stand häufig auf und ging zum Fenster. Sein Verhalten war rätselhaft, bis er redete: Tatsächlich schaute er gar nicht auf den Schulhof, sondern in ein gegenüberliegendes Klassenzimmer, wo er seine Schwester Elif (14) beobachten konnte. Sein Vater hatte ihn angewiesen, sie genau zu beobachten. Die Familie fürchtete, Elif hätte „falsche Freunde" ...

Eine bewusst demokratisch handelnde Schule steht in so einem Fall – der nicht erfunden ist – in der Verantwortung, mit Feingefühl für alle Beteiligten zu intervenieren, aber konsequent in der Botschaft an Yusuf und seine Eltern zu sein, aber natürlich auch an Elif (siehe Seite 104 ff.).

Seit in deutschen Regionen rechtslastige Gruppierungen wie Pegida Zulauf haben, seit wir politischen Extremismus im Parteienspektrum als Bedrohung unserer demokratischen Grundordnung erleben, hat sich mehr denn je erwiesen, wie wichtig die Belehrung und wie noch wichtiger persönlich erfahrene politische Bildung ist. Beide Zugänge

- erfordern den Fokus auf Mitverantwortung in Freiheit des Denkens und die Selbstwirksamkeit des einzelnen Menschen.
- ermöglichen aktive Beteiligung/Einflussnahme.

Belehrung in Verbindung mit persönlich erfahrener politischer Bildung kann den Unsinn transparent machen, wenn für politische oder wirtschaftliche Fehlentwicklungen eine unverstandene Sprache, eine andere Hautfarbe oder eine fremde Religion herhalten sollen.

Neben curricularen Vorgaben, die auf der Grundlage von Lehrplänen und Schulgesetzen erfüllt werden müssen, können Schulleben und schulische Angebote demokratisch gestaltet werden. Das gilt ebenso für den Umgang mit Vielfalt und Unterschiedlichkeiten. Es ist ein Querschnitts-Thema, dem sich der Lehrkörper entweder fach- oder fächerbezogen widmet oder in bedarfsorientierten, speziell zugeschnittenen Arbeitsgemeinschaften. Möglich sind auch Wahlpflichtfächer, die geeignet sind, allen Schülern Demokratie als Gesellschaftsform plausibel zu machen und ausdrücklich zu Beteiligung auf geeigneten schulischen Feldern aufzurufen. Diese vielfältigen Formen der Beteiligung meinen mehr, als die jährliche Organisation von Klassensprecher- und Schülervertretungs-Wahlen und können schon in der Grundschule stattfinden. Einige Beispiele:

Beispiel: Konfliktbearbeitung

- im Klassenrat
- im Schülerparlament
- in der Streitschlichtung
- in Dilemma-Debatten
- durch Feedbackverfahren
- durch soziale Kompetenztrainings
- durch Kurse, in denen man fair und konstruktiv streiten lernt
- durch systematische Schulung kommunikativer Kompetenzen
- durch Buddies, die ihre Augen offen halten, ggf. eingreifen oder Hilfe organisieren
- durch Paten, die besonders jüngeren Schülern persönlich bekannt sind

„Es wäre sogar ausgesprochen klug von unseren Lehrern", formulierte einmal ein Mitglied einer Schülervertretung, der an einer SchiLF-Veranstaltung seines Lehrerkollegiums teilnehmen durfte, *„wenn sie uns bei der Konflikt-*

bearbeitung beteiligen würden: Wir wissen sowieso schon immer viel eher als unsere Lehrer, wenn was Prickeliges stattfindet. "

Im Zuge von Konfliktbearbeitung neu erlernte Sprechformen sollten die Schüler im schulischen Kontext erproben und auswerten können. Diesbezügliche Entwicklungen bzw. Verbesserungen, auch Verantwortlichkeiten gehören konzeptionell und verbindlich ins Schulprogramm.

Zusammenfassung

Wenn Partizipation im Rahmen einer demokratisch entwickelten Schulkultur verankert ist, bleibt es nicht dem Zufall überlassen, ob sich Kinder und Jugendliche in einem selbstwirksamen Modus erfahren können. Als Erwachsene übernehmen vermutlich diejenigen später gern Verantwortung, die schon als Schüler Erfahrung mit ihrer Selbstwirksamkeit sammeln konnten.

Eines Tages erkannte ein Lehrer im Türsteher vor einem Nachtlokal einen ehemaligen Schüler wieder, den er zum Streitschlichter ausgebildet hatte. Er hatte ihn als kommunikativ sehr begabt in Erinnerung und war spontan enttäuscht, dass dieser Junge nicht mehr aus sich gemacht hatte. Doch der beruhigte ihn: *„Keine Sorge, Herr S, ich studiere Jura. Aber hier kann ich jede Nacht anwenden, was ich mal bei Ihnen gelernt habe. "*

5.3 Interkulturell sensibel sein

> „Und nicht über und nicht unter andern Völkern woll'n wir sein,
> von der See bis zu den Alpen, von der Oder bis zum Rhein.
> Und weil wir dies Land verbessern, lieben und beschirmen wir's.
> Und das Liebste mag's uns scheinen so wie andern Völkern ihrs."
>
> (Bertold Brecht, Kinderhymne)

Pädagogische Kompetenz braucht interkulturelle Sensibilität. Sie zu erwerben, ist in den vergangenen Jahrzehnten leichter und plausibler geworden, seit Deutsche ihre Urlaubszeit zum Reisen nutzen und dabei nicht nur die Herkunftsländer der bei uns lebenden Arbeitsmigranten kennenlernen. Der gegenseitige Austausch über erlebte Merkwürdigkeiten – Sonderbares gibt es hier wie dort – ist kein Rassismus. Ich warne auch davor, Beobachtungen als rassistisch zu bezeichnen, die beginnen mit „Ich habe nichts gegen Ausländer, aber …". Rassismus wäre es nur, wenn die Conclusio aus dem „aber" lautete: „… und darum bist du unwert/nicht willkommen." Es gibt sie, die Gleichheiten wie die Fremdheiten, in allen Ländern und Ethnien der Erde, und es macht uns nicht dümmer, wenn wir sie anschauen und uns unsere Empfindungen für das Fremde untereinander erläutern.

Dass durch die Flüchtlingsbewegungen seit dem Jahr 2015 viele Schüler aus arabisch-sprachigen Ländern an unseren Schulen ankamen, konnte eigentlich niemanden überraschen, der sich tagespolitisch in Nachrichtensendungen informierte. Einige Monate zuvor gab es nicht nur an meiner Schule einen wellenartigen Zugang von Schülern aus Süd-Ost-Europa, weitere Jahre zurück waren es Farsi-, Tamilisch-, Polnisch-, Russisch-, Serbisch-, Kroatisch-, Bosnisch-, Türkisch-sprachige Schüler. Diese Entwicklungen hatten uns Lehrkräfte weitläufig angeregt, über Animositäten nachzudenken, die sich aus Rassismus und Ethnozentrismus ergeben. Unsere Erfahrungen mit den Kindern der Arbeitsmigranten aus den mediterranen Ländern, die wir schon seit fast 50 Jahren haben, wurden in den vergangenen Jahren auf einen neuen Prüfstand gestellt. Aufmerksame Beobachter können an Schulen ständig rassistische und ethnozentristische Entgleisungen wahrnehmen; von Schülern ebenso wie von Lehrern, Eltern und nicht-pädagogischem Personal. Ausdrücklich erwähnt werden sollen auch die mitunter unsachlichen Äußerungen von nur sporadisch auftretenden Vertretern des Schulträgers oder der Dienstaufsicht.

Eine bewusst demokratisch handelnde Schule verständigt sich mit Eltern und Schülern nicht nur hinsichtlich eines gemeinsamen Bildungs- und Erziehungsverständnisses im Hause, sondern auch hinsichtlich ihres gemeinsamen Eintretens für mitteleuropäisch orientierte Werte. Die Schulgemeinde entwickelt gemeinsam Ideen, Konzepte und Visionen, kümmert sich um Expertenrat, setzt Schwerpunkte für die konkrete Weiterarbeit und entwirft Zeitpläne und Evaluationsdesigns. Das gemeinsame Eintreten für Menschenrechte, Demokratie, Freiheit und Rechtsstaatlichkeit aktiviert Verantwortungsbewusstsein und Selbststeuerungskräfte. Es schafft Zusammenhalte und verhilft zur Erfahrung von Selbstwirksamkeit.

Wo Schüler aus aller Welt zusammenkommen, muss es für Neuankömmlinge eine Einführung in die Vorgaben unseres Grundgesetzes geben: die Gleichberechtigung der Geschlechter, das Gewalttabu, die Schulpflicht. Vieles ist ihnen so fremd, „wie der Fisch dem Vogel". Als besonders interessantes Thema darf in multikulturellen Regelklassen die Fokussierung von Menschen- und Kinderrechten hinzukommen.

Dass den Neuankömmlingen aus aller Welt schnellstmöglich systematische Deutschkurse angeboten werden, steht außerhalb der Verantwortung eines einzelnen Lehrers. Aber vielleicht können Sie an der Schule Ihren Einfluss geltend machen. Die erste Stufe zur Integration ist vom Regelunterricht exkludierter Fremdsprachenunterricht Deutsch, in dem sich die „Seiteneinsteiger" in einem schützenden Setting ihrer neuen Schulsprache annähern, ohne sich vor Gelächter und Ausgrenzungen deutschsprachiger Mitschüler fürchten zu müssen.

Einwand: *„Und warum nicht sofort alle in deutschen Regelklassen unterbringen? Ist es denn nicht so, dass Kinder voneinander viel schneller lernen als im Unterricht bei einer Lehrerin oder einem Lehrer?"*

Antwort: Wenn Sie ein Kind vor sich haben, das noch intuitiv lernt und wenig ängstlich ist, teile ich Ihren Einwand. Aber je fremder sich Menschen fühlen, desto wichtiger ist es, für sie einen geschützten Raum vorzuhalten. In ihm sollte man ihnen auch Zeit und Gelegenheit geben, ihre Fragen zu stellen und ihnen mit der Beantwortung dabei helfen, Unsicherheiten abzulegen. Unterrichtsstörer sind häufig auch die, die die Sprache ihrer Lehrer und Mitschüler nicht verstehen.

Das „Mittendrin statt nur dabei", das mit unseren Bemühungen um Inklusion und Integration angestrebt wird, gelingt erst durch Sprachkenntnisse: Für Vokabeltraining, Gebrauch des Wörterbuchs oder von Übersetzungs-Apps, Pattern Drills (starr an Situationen gekoppeltes Lernen von Mustern), Artikelgebrauch, Kenntnis von Deklinationen, Konjugationen, unregelmäßigen Verben und Zeiten u. Ä. sind grundlegende Lernpraktiken vonnöten. Sie erst ermöglichen selbstständiges Lernen. Der Feinschliff der deutschen Sprache kann dann selbstverständlich auch in Regelklassen stattfinden.

93

Meine Erfahrung nach über 40-jähriger Arbeit im multikulturellen Milieu, zuletzt als Schulleiterin einer Hauptschule im sozialen Brennpunkt, lautet: Teilnahme am Unterricht der Regelklassen gelingt, wenn B1-Niveau des Gemeinsamen Europäischen Referenzrahmens (GER) für Sprachen erreicht ist, sprich fortgeschrittene Sprachverwendung gelingt. Zu bedenken ist dabei, dass den Sprachkursen häufig ABC-Kurse vorgeschaltet werden müssen. Man kann sich nicht wirklich wundern, dass es unmöglich war, in Kriegs- und Krisengebieten eine Schule zu besuchen, in der man Lesen, Schreiben, Rechnen lernte. ABC-Kurse sind gleichfalls notwendig, wenn die Schreibschrift des Herkunftslandes nicht in lateinischen Buchstaben gelehrt wurde.

Unnötig ist aber eine neue Spiegelstrichpädagogik. „Ausländer-Pädagogik" oder „Flüchtlings-Pädagogik" sind überflüssig. Im Grundgesetz, im Schulgesetz und in vielfältigen schulpädagogischen Konzepten werden Werte aufgerufen, aus denen sich die notwendigen Querschnittsaufgaben ableiten lassen, ungeachtet der Ausländerquote an einer Schule. Bewusst gelebte Werte wie Frieden, Freiheit, Demokratie, Selbstbestimmung, Gleichberechtigung, Schutz vor Gewalt, Ökologie, Courage etc. gelten für alle Menschen und müssen auch für alle Schulpflichtigen in gleicher Weise gelten.

Wenn wir wirklich wollen, dass unsere westeuropäischen Freiheiten nicht unterlaufen werden, müssen wir sie in den Schulen – im Sinne von Brechts Kinderhymne – jetzt noch stärker beschützen, als wir es bisher getan haben.

Zusammenfassung:
Grenzverletzende Schüler können sich nicht auf ihr verfassungsmäßiges Recht auf Meinungsfreiheit berufen. Je liberaler sich eine Schule definiert, umso deutlicher muss sie ihre roten Linien kennzeichnen:
- Beleidigungen sind nicht durch Meinungsfreiheit gedeckt.
- Jungen und Mädchen bzw. Männer und Frauen sind gleichberechtigt.
- Sexuelle Übergriffe – körperlich wie verbal – sind „No-Gos".
- Körperliche Gewalt/jegliche Misshandlungen können zur Anzeige gebracht werden.

Und auch dann, wenn Sie Belege dafür haben, dass ein Schüler übergriffig geworden ist, der am eigenen Leibe schon die schlimmsten Dinge auf Erden erfahren hat: Er hat deswegen nicht das Recht, einen anderen respekt- und würdelos zu behandeln, ihn zu quälen oder zu verletzen. Für uns Erwachsene muss gelten: Opferschutz geht vor Täterschutz. Dabei negiere ich selbstverständlich nicht all jene, die bei uns friedlich Schutz suchen und sich um Integration bemühen.

Aber wie Rassismus-Phänomenen zu begegnen ist, muss allen Beteiligten an der Schule klar sein. Gemeint ist hier nicht nur deutscher Rechtspopulismus, der uns in Europa seit etlichen Monaten zu schaffen macht, sondern auch jene Feindseligkeit, die antidemokratisch und fundamentalistisch eingestellte Neubürger uns ins Land getragen haben und noch weiter hineintragen werden. Also: Klare Kante gegen Schänder, Schinder und Fundamentalisten.

5.4 Auf Unterrichtsstörungen reagieren

> „Misserfolge bedeuten nicht das Ende.
> Sie sind nur Anfangsschritte einer spannenden Reise."
> (Leo Babauta)

Unterschiedlich nuanciert wurde das „Trainingsraumprogramm" schon an vielen deutschen Schulen eingeführt. Es ist bedeutungsgleich mit dem „Ford-Programm" und dem Konzept „Raum für eigenverantwortliches Denken (RvD)". Im Rahmen von Lehrerfortbildung und Schulberatung trete ich selbst für die Realisierung des Programms in Verbindung mit Elternarbeit an der Schule ein. Außerordentlich bewährt hat es sich, im Verfahren Elemente der Konfrontationspädagogik sowie des Konzeptes des gewaltlosen Widerstandes und elterlicher Präsenz einzusetzen.

Das Trainingsraumprogramm fußt auf der Wahrnehmungskontrolltheorie (Perception Control Theory, entwickelt von W.T. Powers), die in den USA durch den Sozialarbeiter Ed Ford (daher auch „Ford-Programm") zur Bewältigung von Unterrichtsstörungen viabel gemacht wurde. S. Balke (www.trainingsraum.de) und H. Bründel („Die Trainingsraummethode") schlossen konzeptionell an diese Erfahrungen an und trugen zur Verbreitung des Trainingsraumkonzeptes in Deutschland bei.

Speziell im Benachteiligtenmilieu ist das Programm nach vielen vorliegenden Erfahrungen sehr erfolgreich, also eigentlich genau dort, wo sich Lehrkräfte mit ihrem Erziehungs- und Bildungsauftrag schon seit einer Reihe von Jahren auf verlorenem Posten fühlen. Der Erfolg wird daran gemessen, dass

- Lehrkräfte Unterrichtsstörungen selbstbewusst aufgreifen können, ohne sich zermürbenden Diskussionen ausliefern zu müssen.
- für Lehrkräfte zeitökonomisch gewährleistet ist, dass sie ihre geplanten Unterrichtsziele erreichen.
- Schülern beigestanden wird, die am Unterrichtsthema interessiert sind.
- Lehrer und Schüler das Verfahren als gerecht ansehen, weil auch Missverständnisse von beiden Seiten bearbeitet werden können.

Es erlaubt Schülern und bei Bedarf auch ihren Eltern,
- sich mit eigenen Wahrnehmungen einzubringen.
- sich durch Erläuterung ihrer Wahrnehmungen gegenüber ihren Lehrpersonen auf andere Art zu erklären, als bisher möglich erschien.
- Änderungen auf der Verhaltensebene zu erproben und
- unzumutbare Verhaltensweisen nicht weiterzuführen.

Einsetzbar ist das Programm an allen Schulen in allen Jahrgängen, in denen Schüler in der Lage sind, in schriftlicher Form zu reflektieren. Nach Schuljahresauswertungen aus annähernd 20 Jahren kann ich belastbar sagen:

* Schüler und ihre Lehrkräfte wissen es gleichermaßen zu schätzen, wenn sie sich darauf verlassen können, dass Unterricht nach Regeln erfolgt, an die sich alle halten.
* Schüler schätzen Lehrkräfte, die sich in konfliktgeladenen Situationen klar und sicher zu verhalten wissen.
* 50 Prozent der Schüler, die bei einem Zeitaufwand von zwei bis drei Schulstunden erstmalig einen Rückkehrplan schreiben müssen, sind so nachhaltig kuriert, dass ihre Entscheidung für einen weiteren Trainingsraumaufenthalt unterbleibt.
* Rückkehrpläne für „Intelligenztäter" erfordern Reflexionsmaterial: Schüler, die es darauf anlegen, ihren Lehrern nachzuweisen, dass sie ihnen unterlegen sind, ihnen gewissermaßen eine Machtprobe aufzwingen wollen, brauchen für ihren Rückkehrplan individuell zugeschnittenes Reflexionsmaterial.

Zur Anwendung des Trainingsraumprogramms in Stufen

STUFE 1
Bei der Anmeldung ihrer Kinder erhalten die Eltern ein Info-Blatt mit den gültigen Unterrichtsregeln und Hinweisen, wie die Schule verfährt, wenn sich ein Schüler nicht an diese Regel hält. Die Eltern quittieren den Empfang und überlassen ihre Telefonnummern, unter denen sie zu erreichen sind. An der Karlschule in Hamm haben sich folgende Unterrichtregeln bewährt:

Drei Hauptregeln:
1. Jeder Schüler hat das Recht, ungestört zu lernen.
2. Jeder Lehrer hat das Recht, ungestört zu lehren.
3. Jeder muss die Rechte des Anderen respektieren.

Daraus folgen 15 Regeln zur Erklärung der drei Hauptregeln:
1. Ich passe im Unterricht auf und beteilige mich.
2. Ich höre zu, wenn andere sprechen.
3. Ich melde mich, wenn ich etwas sagen möchte.
4. Ich warte, bis ich aufgerufen werde.
5. Ich bleibe während des Unterrichtes auf meinem Platz sitzen.
6. Ich spreche höflich und beleidige niemanden.
7. Ich gehe rücksichtsvoll mit anderen um.

8. Ich befolge die Anweisungen meines Lehrers.
9. Ich halte meine Unterrichtsmaterialien bereit.
10. Ich packe die Dinge, die nicht zum jeweiligen Unterricht gehören, in meine Tasche.
11. Ich esse, trinke und kaue nur in den Pausen.
12. Ich erscheine pünktlich zum Unterricht.
13. Ich nehme mein Käppi oder meine Mütze ab und ziehe meine Jacke aus.
14. Ich achte das Eigentum anderer.
15. Ich lache niemanden aus.

STUFE 2

Verstößt ein Schüler gegen eine Unterrichtsregel, wird er nach einem Ritus abgemahnt, der allen Schülern bekannt ist:

Lehrer: „NN, was machst du da?"

Schüler: „Ich versuche, meinen Nachbarn vom Stuhl zu stoßen."

Lehrer: „Gegen welche Regel verstößt du?"

Schüler: „Ich gehe rücksichtsvoll mit anderen um."

Lehrer: „NN, was wird passieren, wenn du in dieser Woche in meinem Unterricht noch einmal eine Regel brichst?"

Schüler: „Dann muss ich meine Klasse verlassen und in den Trainingsraum gehen."

Lehrer: „Wofür entscheidest du dich: Willst du bleiben oder gehen?"

Schüler: „Ich will natürlich bleiben."

Was ist zu tun, wenn sich der Schüler dem Ritual entziehen will? Es folgen häufig wiederkehrende Abweichungen: Der Schüler antwortet flapsig *„Was weiß ich?"* oder verweigert eine Antwort. Für die Lehrkraft gibt es zwei mögliche Alternativen zu reagieren:
1. Sie sieht sich in der Verantwortung für Lern- und Leistungsfortschritte des Schülers und benennt ihm sein Verhalten sowie die Regel, die er angeblich nicht kennt. Damit verbindet sich die Hoffnung, er werde sie sich künftig merken.

2. Sie sieht in der Weigerung des Schülers, sachlich zu antworten, einen weiteren Regelverstoß und sagt in großer Ruhe: *„Du entscheidest dich also zu gehen"*, füllt den Laufzettel aus und entlässt den Schüler damit aus seinem Unterricht.

Auf die Frage: *„Was wird passieren, wenn du in dieser Woche in meinem Unterricht noch einmal störst?"* antworten Schüler gern:
„Dann schicken Sie mich in den Trainingsraum." oder
„Dann werde ich in den Trainingsraum geschickt." oder
„Dann werfen Sie mich aus der Klasse." oder
„Dann fliege ich raus."

Jede dieser Antworten ist inakzeptabel, denn
„Ich schicke dich nicht in den Trainingsraum. Du wirst auch nicht geschickt. Wenn du weiter störst, bist du es selbst, der entscheidet."
oder
„Ich werfe nicht mit Schülern."
oder
„Du kannst nicht fliegen."

Stattdessen:
Bitte wiederhole: „Wenn ich weiter störe, entscheide ich mich damit für den Trainingsraum."

Sie bestehen darauf, dass Ihre Schüler es selbst sind, die durch ihr persönliches Verhalten bestimmen, was als nächstes geschieht. Ein Schüler, der seine eigene Rolle passiv einschätzt, ist auch bei seinen Überlegungen im Trainingsraum noch der Ansicht, dass er seinen „Rauswurf" nicht verhindern konnte, weil sein Lehrer die aktive Rolle hatte.

Ein Schüler, dem klar ist, dass ausschließlich sein aktives Handeln den Fortgang des Verfahrens bestimmt, ist wahrnehmbar alarmiert und aufmerksam und weiß, dass er selbst der Schmied seines Glückes ist. Um diesen Gedanken aufzunehmen und geistig zu verarbeiten, hilft es ihm, wenn er das Reglement wie einen Vorsatz sprechen kann: *„Wenn ich weiter störe, entscheide ich mich damit für den Trainingsraum."*

STUFE 3

Was ist zu tun, wenn sich derselbe Schüler innerhalb derselben Woche beim selben Lehrer einen weiteren Regelverstoß leistet? Der Lehrer setzt sich in großer Ruhe an sein Pult und füllt den Laufzettel aus. Sein Schüler darf erst zurück in den Unterricht, wenn er dies zur Zufriedenheit der dort Aufsicht führenden Erwachsenen erledigt hat.

Hat er im Trainingsraum gut gearbeitet, kommt er auf Probe zurück in Ihren Unterricht: Wenn er in seiner Probezeit Regelverstöße begeht, verweisen Sie ihn ohne Mahnverfahren und ohne Aufregung, jedoch mit Laufzettel, in den Trainingsraum zurück. Dort muss er sein eigenverantwortliches Denken fortsetzen: Das hat er zuvor offensichtlich vernachlässigt.

Hypothesen von William T. Powers:
• Wahrheit unterliegt subjektiver Wahrnehmung.
• Verhalten ist zweckgerichtet.
• Verhalten ist Wunscherfüllung.
• Verhalten besteht in der Steuerung oder Kontrolle von Wahrnehmen.

Störende Schüler sind oft der Meinung, tatsächlich nicht zu stören. Deswegen ist es das Ziel der Trainingsraumarbeit, den Schüler mit seiner „Wahr"-nehmung in Kontakt zu bringen. Folgende Fragen bringen ihn weiter:
• Was hast du gemacht, dass du nicht in deiner Klasse bleiben konntest? (Die Antwort muss so ausführlich wie möglich formuliert werden.)
• Was waren die Folgen deines Verhaltens? Ist es dir angenehm, dass du jetzt im Trainingsraum sitzt und nicht bei deiner Klasse sein kannst?
• Welche Verhaltensalternativen fallen dir ein? Was kannst du künftig besser machen? Was willst du deinem Lehrer vorschlagen, wie du dich ab sofort im Unterricht benehmen willst?
• Wie besorgst du dir den Unterrichtsstoff, den du verpasst, weil du während des Unterrichtes im Trainingsraum nachdenken musst?

Durch konsequentes und penibles Nachfragen erhält der Schüler zusätzliche Denkimpulse und die Chance, seine eingefahrenen Verhaltensweisen verändern zu können.

Zusammenfassung

Das Trainingsraumverfahren ist eine zweckdienliche Maßnahme zur Stärkung der Lehrerposition. Dass ein Schüler einer Lehrerwillkür zum Opfer fällt, wird dadurch vermieden, dass jedem Verweis eine Ermahnung vorausgeht. Dennoch ist anzunehmen, dass der Unterrichtsstörung auch eine Beziehungsstörung zwischen Schüler und Lehrer zugrunde liegt. Um die Beziehungsstörung konstruktiv zu beheben, ermöglicht das Verfahren Schülern und Lehrern eine Auszeit voneinander. Schüler mit schneller Denkweise, die ihren Plan schon in 20 Minuten fertig geschrieben haben, sollten deswegen mit einer Zusatzaufgabe betraut werden, die sie gedanklich beansprucht; lange genug, damit sie nicht in derselben Stunde in den Unterricht zurückkommen, den sie zuvor blockiert hatten. Zusatzaufgabe könnte die Interpretation einer Redensart, einer Phrase oder eines Aphorismus´ sein, deren/dessen Bedeutung sie ergänzend reflektieren und glaubwürdig auf ihre persönliche Beziehung zwischen ihren jeweiligen Lehrer und sich selbst anwenden sein. Etwa so:

„Ob du denkst, du kannst es oder du kannst es nicht: In beiden Fällen hast du recht."

(Henry Ford)

„Jede Minute, die du wütend bist, verlierst du 60 Sekunden deines Glücks."

(Ralph Emerson Waldo)

„Erfolg hat drei Buchstaben: T-U-N!"

(Johann Wolfgang von Goethe)

5.5 Willkommenskultur gestalten

> „Setzen Sie auf Ausdauer statt auf Aktionismus.
> Weniger ist wahrscheinlich mehr!"
> (Pro Asyl)

Vorweg: Die Entkopplung der Begriffe Erziehung und Bildung ist wohl ein deutsches Phänomen. Sie suggeriert unterschiedliche Zuständigkeiten: Eltern und Jugendhilfe für die Erziehung, Schule für die Bildung. Franzosen und Angehörige des angelsächsischen Sprachraums benutzen dagegen für Erziehung und Bildung nur ein Wort, „education", ebenso die Spanier („educacion") und die Türken („eğitim"). Tatsächlich ist es so, dass Bildung und Erziehung untereinander profitieren, wenn nicht gar voneinander abhängig sind. Und Eltern sind erwiesenermaßen der Schlüssel zum Bildungserfolg.

Im Umgang mit bildungsfernen Milieus und verbreiteter Rollenvermeidung der Erziehungsberechtigten in allen Milieus ist Elternbildungsarbeit an Schulen ins Blickfeld gerückt. Je früher Kinder in qualitativ guten öffentlichen Einrichtungen gefördert werden und ihre Eltern in Maßnahmen und Interventionen einbezogen werden, desto überzeugender fällt der Schulerfolg bei den Kindern aus. Um das Fortkommen wirkungsvoll und nachhaltig zu manifestieren, reicht die traditionelle Elternberatung der Schulen an jährlich zwei Sprechtagen und zwei Pflegschaftsabenden nicht aus. Deshalb bemühen sich immer mehr Schulen um ein Curriculum für ihre Elternarbeit. Im besten Fall vermeiden sie damit, Eltern nur dann einzubeziehen, wenn ihre Sprösslinge etwas angestellt haben. Viel hilfreicher ist es, auf Prävention zu setzen und Eltern bei regelmäßigen Projektpräsentationen einzubeziehen, zur Beteiligung an der Ausgestaltung regionaler Feste anzuregen, um Begleitung oder Organisation von Unterrichtsgängen einzuladen, gemeinsame Erzählrunden zu veranstalten u. Ä..

Die Stärkung von Eltern einerseits und der Ausbau von Ganztagsangeboten andererseits sind keine Alternativen im Sinne eines „Entweder – Oder". Für die Entwicklung der Kinder ist es förderlich, wenn sie Bildung und Erziehung „aus einem Guss" erleben können. Selbst wenn sich die Kinder von 8 Uhr bis 16 Uhr in der Schule aufhalten, leben sie noch viele Stunden in ihrem familiären Umfeld.

Wenn sie sich in der jeweiligen Bildungseinrichtung erwünscht fühlen können, sind eigentlich alle Eltern erreichbar. „Willkommenskultur" ist ein Begriff, der seit 2015 inflationär auf den Umgang mit Flüchtlingen angewandt wurde. Er klingt, als ob Eltern mit ihren Kindern zuvor nicht liebenswürdig an Schulen aufgenommen wurden. Insgesamt kann nicht übersehen werden, dass die Verwaltungsflure an Schulen mehrheitlich wenig einladend gestaltet sind. Vielfach gibt es keine Sitzgelegenheiten. Wenn auch noch Beratungsräume oder Elternsprechzimmer fehlen, können Gespräche nicht rundherum als gut erlebt werden. Man muss an dieser Stelle allerdings sagen, dass die meisten Schulen landesweit errichtet wurden, als man noch keine Idee davon hatte, solche Räume eines Tages zu benötigen. Folglich fehlt es heute häufig an Ruhe und Atmosphäre. Störungen durch neugierige oder lärmende Kinder sind wohl der Normalfall.

Wenn Schulen verbindliche Strukturen für die Zusammenarbeit mit Eltern einführen, wird die Vereinbarung des formalen Umgangs eine wichtige Rolle spielen. Was die Gesprächsinhalte anbetrifft, muss es den Fachkräften gelingen, an die Erfahrungen der Eltern und ihr Milieu anzudocken. Dabei kann die Hinzuziehung von Übersetzern, die auch interkulturell mediieren können, sehr hilfreich und gewinnbringend für beide Seiten ausfallen. Wenn Eltern Schwellenängste haben, verschwinden diese nicht auf Knopfdruck.

Zusammenfassung

Zur Professionalisierung der Fachkräfte gibt es keine Alternative. Denn auf den Profi kommt es an. Darum bedaure ich außerordentlich, dass Methoden und Didaktiken für die Zusammenarbeit mit Eltern in der Lehrerausbildung gar keine Rolle spielen. Themen wie

- Konfliktbearbeitungsstrategien,
- Systemisches Denken,
- Beratungskompetenz,
- Empathie,
- Kommunikative Kompetenz,
- Fremdsprachenkenntnisse,
- Milieukenntnisse,
- Interkulturelle Sensibilität

sollten ernstzunehmende Ausbildungsinhalte für künftige Lehrkräfte sein.

Eltern aus nicht deutschen Herkunftsmilieus sind Eltern, die umso mehr auf unsere Empathie und unsere Professionalität angewiesen sind, weil sie für ihre Kinder in Mitteleuropa nicht immer Modell sein können, obwohl sie ihre Kinder lieben und für ihre Kinder das Beste wollen.

5.6 Z.A.F.L.O.K.: Eltern beraten

„Sich auf Augenhöhe zu begegnen
ist keine Frage der Körpergröße!"
(Herkunft unbekannt)

Z.A.F.L.O.K.

Z. steht für **Zuhören:** Eltern sind Experten für ihre Kinder. Man kann es nicht oft genug sagen: Ihre Expertise können wir im Umgang nutzen, wenn er aus welchen Gründen auch immer schwierig geworden ist.

A. steht für **Affirmieren:**
• Wenn wir Eltern zuhören, halten wir Blickkontakt und nicken ihnen aufmunternd zu.
• Es ist wichtig und aufschlussreich, was sie uns zu berichten haben.
• Wir haben uns für dieses Gespräch Zeit genommen.
• Wir unterbrechen sie am besten gar nicht.
• Unterbrechen ist nur bei sogenannten Vielrednern erlaubt.

F. bedeutet **Fragen,** „Nachfragen", denn wir haben nicht immer alles sofort verstanden:
• „Moment: Wie haben Sie das eben gemeint?"
• „Wir haben noch nicht genau verstanden, warum Sie meinen, dass Ihre Tochter …?"
• „Hat Ihnen Ihre Tochter das tatsächlich so erzählt?"
• „Könnte das nicht auch ein wenig anders gewesen sein?"

L. bedeutet **Loben,** gemeint ist Lob für die Eltern und Lob für ihre Kinder:
• „Wie gut, dass Sie sofort gekommen sind."
• „Ich sag Ihnen das schon mal vorweg: Ihre Tochter/Ihren Sohn kann ich total gut leiden." „Ihr Engagement für die Schule, Frau M., ist vorbildlich."
• „Ihre Kinder, Herr X., sind so wohlerzogen – wenn nur alle so wären."
• „Was Freundlichkeit und Hilfsbereitschaft Ihres Kindes angeht, Herr und Frau NN, da gibt es an der Schule keine Klagen/da ist alles im grünen Bereich/da könnten wir uns an der Schule gar nichts Besseres wünschen …"

O. steht für **Optimieren,** und bevor Sie in das Thema einsteigen, holen Sie sich dafür die Erlaubnis der Eltern:

- „So weit, so gut: Aber jetzt möchte ich auf ein Thema zu sprechen kommen – ist das in Ordnung für Sie?"
- „Etwas gilt es tatsächlich zu optimieren … darf ich Ihnen das jetzt auch noch sagen?"
- „Nichts ist so gut, dass man es nicht noch besser machen könnte. Darf ich Ihnen dazu auch noch etwas sagen?" (Zustimmung abwarten)
- „Ein Defizit stellen wir noch im Praktischen Lernen/in den Naturwissenschaften/in der Berufsorientierung … fest."

… und ergänzen die Frage:

- „Wie könnten Sie Ihr Kind unterstützen?"
- „Haben Sie einen Tipp für uns in der Schule?"
- „Haben Sie eine Idee, wie wir zum Wohle Ihres Kindes zusammenarbeiten könnten?"

K. bedeutet **Konfrontation**. Wenn Sie damit rechnen müssen, dass gleich Tränen fließen werden, holen Sie sich auf jeden Fall zunächst die Erlaubnis der Eltern, weitersprechen zu dürfen. Das ist ein Zeichen Ihrer Empathie, die ebenfalls als Wertschätzung aufgenommen wird. Dass Eltern Ihre schlechte Nachricht nicht hören wollen, habe ich in beinahe täglichen Gesprächen in mehr als 20 Jahren niemals erlebt. Wertschätzend wird sicherlich auch aufgenommen, wenn Sie eine Packung Papiertaschentücher bereit liegen haben …

- „Leider habe ich aber heute auch eine schwierige Botschaft für Sie – geht das jetzt?"
- „Ich möchte Sie nicht gehen lassen, ohne Ihnen noch etwas/sehr Problematisches mitzuteilen. Darf ich?/Haben Sie noch etwas Zeit?"
- „So ordentlich die Leistungen in den Hauptfächern/im Allgemeinen sind: Probleme bestehen im Sozialverhalten – hätten Sie dafür noch ein Ohr?"
- „Sie wissen ja, dass wir hier an der Schule die Kinder individuell angucken … Thema: falsche Freunde …. Ist Ihnen da auch schon mal was aufgefallen, und darf ich Ihnen dazu ein paar Informationen geben?"
- „Bei aller Liebe: Wie sich Max am Mobbing der kleinen Melissa beteiligt hat, das geht gar nicht: Können wir uns den Vorfall auch nochmal anschauen?"

Das so strukturierte Gesprächsverfahren führt in der Regel zu guten Ergebnissen,

- weil es formal verteilte Rollen vorsieht, bei denen die Lehrkraft die Gesprächsführung in der Hand hat und ihr Ziel im Auge behält.
- weil es ausdrücklich Akzeptanz für die guten Absichten der Eltern vorsieht.

- weil es ausdrücklich vermeidet, den Eltern ins Wort zu fallen oder ihnen Schuldgefühle zuzufügen.
- weil sich beide Gesprächspartner konsensuell darauf verständigen, dass sie beide eine gute Bildungs- und Erziehungsbilanz für das Kind/den Heranwachsenden erzielen wollen.
- weil es Lehrern ermöglicht, Eltern im Extremfall auch eine unangenehme Botschaft sozial verträglich mitzuteilen.

Yusufs Mutter (siehe Seite 89 ff.) kam pünktlich zum Termin in die Schule, begleitet von einer Nachbarin, die für sie übersetzte. Das Gespräch führten wir zu zweit, die Klassenlehrerin und ich. Frau G. wirkte sehr besorgt. Sie entschuldigte ihren Mann, weil er als Fernfahrer unterwegs war und beim Gespräch nicht dabei sein konnte.

Wenn Eltern beim Gesprächseinstieg zunächst die Lehrerin erwartungsvoll anblicken, dann geben Sie ihnen einen Redeimpuls: „Ihr Sohn/Ihre Tochter: Was hat er/sie Ihnen in jüngster Zeit aus der Schule erzählt?"/„Gibt es etwas Neues, seit wir uns jüngst begegnet sind?"

Frau G. begann von sich aus zu erzählen und wir hörten ihr zu:

> „Mein großer Sohn, Yusuf, 15 Jahre alt, macht sich Sorgen um unsere ganze Familie. Er ist so besorgt, auch um mich als Mutter, wenn mein Mann arbeitet. Ich kann mich hundertprozentig auf ihn verlassen … Meine Tochter Elif war früher besorgt wie Yusuf und so fleißig in der Grundschule, aber nun ist sie mein Sorgenkind. Melek (8), meine Kleine, zweite Klasse …, liebes Kind, aber sie will sich jetzt schminken, wie Elif das macht … Und ich bin eine einfache Frau vom Dorf, habe nicht viel in der Schule gelernt, aber ich bin Mutter. Ich tue alles für meine Kinder …"

Wir fragen nach und verbinden das mit einem Lob für die gute Absicht der Mutter:

> **Wir:** „Wir sind überzeugt, dass Sie eine gute Mutter sind. Wir haben Sie nicht in die Schule gebeten, um Ihnen da irgendwelche Vorwürfe zu machen … Was hat Ihnen denn Yusuf zu Hause erzählt?"

> **Frau G:** „Er hat gesagt, Sie verbieten, auf Elif zu achten. Aber er muss gucken. Wir machen uns Sorgen, die ganze Familie."

> **Wir** fragen weiter nach: „Könnten Sie uns mehr von Ihren Sorgen um Elif berichten?"

> **Frau G:** „Ja – das ist nicht so leicht und gar nicht schön … jeden Tag haben wir Streit. Elif ist erst 14. Sie darf nicht spazieren gehen. Sie muss zu Hause sein und Mutter hel-

fen. Aber sie will Freundinnen treffen, deutsche Freundinnen. Zusammen schminken sie sich, und den ganzen Tag benutzen sie ihre Handys und sie wollen Musik hören, ich glaube, auch Zigaretten rauchen – aber nicht Mutter helfen, nicht Schwester helfen. Elif will auch immer Streit mit ihrem Bruder. Aber er ist ihr großer Bruder. Sie muss auch Respekt haben."

Wir affirmieren: „Wir sind überzeugt, dass Yusuf Ihnen ein guter Sohn ist. Sie haben uns ja schon häufiger erzählt, wie er Sie schon unterstützt, wenn Ihr Mann nicht zu Hause ist."

Frau G: „Ja, und Yusuf passt auch auf Melek auf und macht auch Hausaufgaben mit ihr. Aber Elif ist so schwierig geworden. Eigentlich muss sie Hausaufgaben mit Melek machen."

Wir bestätigen Frau G.s Sichtweise: „So ist das traditionell in Ihrer Kultur."

Frau G: „Ja, so ist das bei uns."

Wir: „Wir müssen aber auch Elif loben, Frau G., ihre schulischen Leistungen sind tadellos, und in ihrer Klasse ist sie ein Vorbild. Wenn sie ihre Aufgaben erledigt hat, hilft sie anderen. Sie bleibt nach Schulschluss immer noch etwas länger und räumt den Klassenraum auf. Sie fragt auch immer nach, ob sie bei Ordnungsdiensten in der Mensa einspringen kann. Elif ist in der Schule ein richtig tolles Mädchen."

Frau G. errötet. Es ist sichtbar, dass sie sich freut: „Ja. So ist meine Elif auch. Das ist schön."

Wir: „Sie sagen ja, Frau G., dass Ihre Sorgen entstanden sind, weil Elif sich verhält wie ihre deutschen Freundinnen – ist das so?"

Frau G: „Ja, rote Lippen und Augen schminken und Haare machen … alles."

Wir: „Dürfen wir Ihnen dazu etwas sagen? Was Sie vielleicht nicht ganz so schön finden?"

Frau G: „Ja, bitte sagen Sie."

Wir: „Sie leben mit Ihren Kindern in Deutschland; und hier ist es völlig normal, dass Teenager mit Make-up experimentieren. Deswegen brauchen Sie sich überhaupt keine Sorgen machen. Etwas anderes wäre es allerdings, wenn Elif rauchen oder Alkohol trinken würde, aber das können wir uns gar nicht vorstellen."

Frau G: „Ich habe immer Angst, dass Elif rauchen will, auch wegen Alkohol. Die deutschen Mädchen rauchen auf der Straße."

Wir: „Ja – da verstehen wir Sie gut. Wir machen uns auch Sorgen um unsere Töchter, wenn sie ihrer Gesundheit schaden. Frau G., wir möchten sehr gern mit Ihnen zusammenarbeiten und deswegen auch nochmal etwas wegen Yusuf sagen: Geht das? Haben Sie noch etwas Zeit?"

Frau G.: „Ja. Kein Problem, meine Nachbarin hat auch Zeit." (Die Nachbarin nickt. Sie sorgt offensichtlich gern dafür, dass Frau G. alles richtig versteht.)

Wir: „Ganz ehrlich: An der Schule machen wir uns nicht um Elif Sorgen. In der Schule macht uns Yusuf Sorgen. Wie er seiner Schwester auf dem Schulgelände nachstellt, wie er sogar einen Weg gefunden hat, sie während des Unterrichtes zu bespitzeln. Das darf der Junge nicht. Das darf ihm auch sein Vater hierzulande nicht erlauben. Dass Elif raucht – dafür haben wir keinen einzigen Hinweis. Aber Yusuf raucht, obwohl er genau weiß, dass das Rauchverbot für alle gilt. Und er vernachlässigt seine Leistungen in allen Fächern." Frau G. beginnt zu weinen und wir reichen ihr ein Papiertuch.

Wir: „Könnten wir mal zusammen überlegen, ob es für Yusuf und Elif noch einen anderen Weg gibt?"

Frau G. brauchte noch etwas länger, um sich wieder zu fangen. Sie erklärte sich einverstanden, dass wir seitens der Schule Erziehungsgespräche mit ihren beiden Kindern führen würden, bei denen sie gern mit ihrer Nachbarin anwesend sein wollte. Yusuf erhielt seitens der Schule nicht nur die strikte Auflage aufzuhören, seine Schwester zu majorisieren und zu bespitzeln, sondern auch die Anweisung, stattdessen seine Leistungen zu verbessern und vor allem deutsches Recht zu beachten:

• Mädchen und Jungen, Frauen und Männer sind gleichberechtigt.
• Das absolute Rauchverbot auf dem Gelände ist zu respektieren, umso mehr, als er mit 15 noch nicht volljährig ist und auch vor dem Gesetz nicht rauchen darf.

Das Gespräch mit Elif fand anschließend unter Frauen statt. Im Kern bekundete das Mädchen, wie immens die Enttäuschung für sie war, als Yusuf sich, gestärkt durch die Worte seines Vaters, berechtigt gefühlt hatte, sie zu schlagen. Das geschah nicht nur einmal, und ihre Mutter hatte sie vor den Schlägen ihres Bruders nicht in Schutz genommen. Mutter und Tochter waren angesichts ihrer jeweils empfundenen Kränkungen sehr aufgewühlt. Dann kam es zu folgenden Vereinbarungen:

- Die Mutter wünschte sich wieder Elifs Unterstützung im Haushalt, wie sie noch vor einigen Monaten selbstverständlich gewesen war. Dafür wünschte sich Elif von ihrer Mutter mehr Akzeptanz für ihre „deutsche Seite". Beide sagten zu, sich wieder mehr füreinander einzusetzen.
- Mutter und Tochter wünschten sich künftig Kommunikationshilfe durch eine Lehrerin, der sie beide vertrauten, wenn sich der Konflikt noch einmal ausweiten oder neue Beziehungsstörungen auftauchen würden.
- Elif erhielt zu ihrer zusätzlichen Sicherheit die Adresse der Jugendschutzstelle, falls Yusuf noch einmal übergriffig würde und ihre Mutter nicht in der Nähe sein sollte.
- Die Mutter bekam die Anschrift des Frauenhauses. Sie erschien uns sehr bemüht, verschleiern zu wollen, dass sie auch selbst schon Opfer häuslicher Gewalt gewesen war.
- Für Yusuf organisierten wir eine Gefährderansprache durch einen Polizeibeamten. Mit seinen 15 Jahren war er schon ein ganzes Jahr lang strafmündig. Er sollte wissen: Wenn er seine Schwester schlägt, verstößt er gegen geltendes deutsches Recht.

5.7 Für Mobbing-Opfer Sicherheiten schaffen

„Manchmal tun Worte mehr weh,
als ein Schlag ins Gesicht."
(Herkunft unbekannt)

„Mobbing" ist ein englischer Fachbegriff, der erst seit relativ kurzer Zeit in die deutsche Sprache einzog. „to mob" bedeutet: lärmend über jemanden herfallen, pöbeln, attackieren. „bullies" nennt man die Täter in englischer Sprache und meint konkret die handelnden Täter, die schikanieren, tyrannisieren und einschüchtern. Folgen wir der skandinavischen Olweus-Studie, dann sind nicht nur Opfer und Täterbeschreibungen im schulischen Kontext schon seit Jahrzehnten bekannt. Bekannt ist auch, wie ihnen effizient zu begegnen ist. Leider sind die Standards auf der Durchführungsebene – Anamnese, Diagnose, Behandlung – in der schulpädagogischen Praxis noch nicht sehr verbreitet. Schulen sind in den vergangenen Jahren durch ihre Dienstaufsichten eher angehalten worden, sich im Rahmen von Unterrichtsentwicklung und Inklusion fortzubilden, als dem offenkundigen weit verbreiteten Leid der Kinder die notwendige Beachtung zu schenken.

Die deutschen Worte für das englische „mobbing" verdeutlichen, dass Mobbing bedeutungsschwerer ist als „nur" jemanden zu necken oder zu provozieren. Typisch für Mobbing an Schulen sind auch unerwünschte Gesten, Grimassen und bewusstes Ausschließen von Gruppen und/oder Informationen.

Was Mobbing von einem Streit unterscheidet, ist die Ungleichheit der Akteure. Der Mobber lässt sein Opfer Macht spüren. Für die Angst seines Opfers fehlt es ihm an Empathie.

Je länger dieser Zustand andauert, desto verzweifelter wird die Lage des jeweiligen Opfers, das anfänglich noch inständig glaubt, es brauche die verbalen oder physischen Attacken nur auszuhalten. Dann, so hofft es, hätten die Täter von sich aus genug.

Täter, „Mobber" und „Bullies", zeichnen sich dadurch aus, dass sie körperlich und verbal überlegen sind, nur wenig Mitgefühl mit ihren Opfern haben und immer von einer Gruppe von „Freunden" umgeben sind, die sie zum Weitermachen anfeuern.

Mit meinen Erfahrungen aus mehr als 30 Jahren Gewaltprävention und Kinderschutz an Schulen kann ich belegen: Unter Mobbing-Opfern herrscht eine große Angst, dass man ihnen keinen Glauben schenkt und sich die Übergriffe der Täter verschlimmern könnten, wenn herauskäme, wer „gepetzt" habe. Richtig ist aber das Gegenteil: Die Einbeziehung helfender Autoritäten diszipliniert den Täter. Wenn eine Schule seine Machenschaften im Blick hat, nimmt er sich zusammen. Da Mobbing auch an Grundschulen schon sehr verbreitet ist, darf man sogar behaupten, dass es auch für den Täter heilsam ist, wenn er so früh wie möglich ertappt wird und belehrt werden kann. Frühe Identifizierung kann ihn vor späterer Kriminalisierung und Inhaftierung schützen.

Im Internet kursieren erschütternde Berichte von Menschen, die in ihrer Schulzeit unter üblem Mobbing litten. Leider kommen dort selbst Beratungsdienste zu dem Ergebnis,

- dass es schwer sei, auf Mobbing zu reagieren und
- dass es richtig sei, eine Schule zu wechseln, wenn dort keine Hilfe zu bekommen sei.

Als ehemalige Lehrerin, pensionierte Rektorin und auf dem Gebiet von Erziehungsfragen, Kinderschutz und Gewaltprävention noch aktive Fortbildnerin kann ich nur kommentieren: Mobbing wird sich aus den Schulen nicht verbannen lassen, aber man kann sich den Symptomen couragiert entgegenstellen. Woran es im Einzelfall fehlt, ist allein die Entschlossenheit des jeweiligen Systems.

Dabei sollte an der Schule jedem bekannt sein, dass es der Täter ist, der riskiert, seine Schule verlassen zu müssen. Sein Opfer bleibt, denn es genießt in der Schulgemeinschaft den Schutz der Anständigen.

Gemein und stark attribuiert zu sein, gehört zum Täterprofil. Ängstlichkeit, Zurückhaltung und körperliche Schwäche kennzeichnen die Opfer. Mit einem gewissen Recht dürfen wir aber annehmen, dass die Täter mit ihren Gemeinheiten auch beabsichtigen, die eigene Feigheit zu verschleiern.

Mit der Verabschiedung einer Anti-Mobbing-Konvention auf der Grundlage unserer Verfassung und der weltweit geltenden Menschen- und Kinderrechte kann sich eine Schule ausdrücklich zu Respekt und Akzeptanz bekennen. Entworfen und gegliedert werden kann sie wie folgt:

M4

Anti-Mobbing-Konvention der Schule

Name und Adresse der Schule

Jede Schülerin und jeder Schüler
soll unsere Schule gern und angstfrei besuchen können.

Niemand soll in seiner Entwicklung zurückbleiben.

Darum achten wir in unserer Schulgemeinde
auf die Wahrung der Menschenwürde jedes Einzelnen.

Unsere Schulregeln sollen die Würde
und die Freiheit in unserer Schulgemeinschaft
schützen und stützen.

Die Erwachsenen sind die Vorgesetzten
aller Schülerinnen und Schüler.

Alle Älteren an der Schule
helfen den jüngeren Schülerinnen und Schülern
und beschützen sie.

Die eigene Freiheit findet ihre Grenzen,
wenn sie mit den Rechten anderer
nicht mehr vereinbar ist.

- **Wenn dich jemand in deiner Würde verletzt hat, hast du das Recht, dich zu beschweren.**

- **Bist du in sozialen Netzwerken bedroht oder beleidigt worden?**

- **Bist du verletzt, weil sich eine bestimmte Person über dich lustig macht?**

- **Gibt es eine Person auf deinem Schulweg, vor der du Angst hast?**

Wende dich an:

Frau/Herrn ....

Raum: ....

Uhrzeit: ....

auch mobil erreichbar unter: ....

Soweit sich die Schule mit Tat- und Willenskraft dazu bekennt, kann sich ein Aushang wie dieser in jedem Klassenraum befinden. Die Anti-Mobbing-Konvention muss für alle Schüler, die die Schule besuchen, in leichter Sprache kommentiert werden, und jedes Jahr in allen Klassen erneut besprochen werden. Außerdem muss es im Schulgebäude feste Ansprechpartner geben, die von einem betroffenen Schüler schnell aufzufinden sind.

Ältere sozial empathische Schüler – vielleicht haben Sie schon Streitschlichter oder Buddies – erhalten den Auftrag, auf dem Schulgelände und auf den Schulwegen (auch in öffentlichen Verkehrsmitteln) die Augen aufzuhalten und sich lieber einmal zu viel als einmal zu wenig vor einen mutmaßlich angegriffenen Schüler zu stellen. Der Ältere kann den verängstigten Schüler begleiten und in der Schule mit ihm zusammen die zuständigen Lehrkräfte oder den Schulsozialarbeiter aufsuchen, ihn informieren und um weitere Hilfe bitten. Von dort aus kann entschieden werden, nach welchem Verfahren der oder die Täter konfrontiert werden sollen; ob man sie vorübergehend vom Schulbesuch ausschließt, ob die Polizei eingeschaltet werden muss oder inwieweit die Eltern oder Bezugserzieher einbezogen werden. Es muss schnell geschehen, und das zuvor gepeinigte Kind muss sich in jeder Minute sicher fühlen können.

Zusammenfassung
Alle Schüler müssen wissen, wie sie sich in Sicherheit bringen können – und zwar nicht nur, wenn die Schule brennt.

5.8 Konfrontative Pädagogik nutzen

„Liebe den Sünder und hasse die Sünde!"
(leicht veränderte Bibelstelle aus dem Johannesevangelium)

Wenn eine Schule sich Gedanken zur Entwicklung eines Erziehungskonzeptes macht, darf der Aspekt „Kinderschutz" nicht fehlen. Kinder und Jugendliche sind nicht erst schutzbedürftig, wenn ihnen körperliche Überwältigung droht. Auch verbale Entgleisungen sind herabwürdigend, verletzend und beängstigend.

Niemand sollte weghören oder wegschauen, wenn sich Schüler untereinander mit Worten, Gesten oder Handlungen in ihrer Menschenwürde verletzen („Schlampe" „Fotze", „Wichser", „Hurensohn" „Fick dich" „Fick deine Mutter") oder sich in dieser Sprache auch an Erwachsene auf dem Gelände richten. Damit sind nicht nur Pädagogen, Handwerker und Künstler gemeint, sondern auch eine große Gruppe nicht unterrichtenden Personals, vom Hausmeister über die Schulsekretärin bis hin zum Integrationshelfer und der Reinigungskraft; nicht zuletzt sind auch die Eltern betroffen. Rüpelhaftes Verhalten, das die Grenzen des guten Geschmacks verletzt oder sogar geeignet ist, Mitmenschen zu verleumden, darf an Schulen grundsätzlich nicht toleriert werden, hätte nie übersehen werden dürfen.

In über 40-jähriger Tätigkeit als Lehrerin und als Schulleiterin der Karlschule in Hamm/Westf. habe ich zur sinnvollen Bearbeitung von Mobbingfällen kein besseres Verfahren kennengelernt als die selbstwertstärkende Konfrontationspädagogik.

Entgegen vielfach vorgetragenen Einwänden von jenen, die selbst nicht konfrontativ verfahren möchten, wiederhole ich: Konfrontative Pädagogik ist gute Pädagogik, wenn sie
• professionell begründet angewandt wird,
• werteorientiert im jeweiligen System implementiert ist,
• die schädlichen Handlungsweisen eines Kindes oder eines Heranwachsenden in den Blick nimmt,
• genutzt wird, die Persönlichkeit eines Kindes zu stärken.

Konfrontative Pädagogik ist auch deshalb gute Pädagogik, weil sie
• Täter stellt und ihre Opfer beschützt und
• Tätern das Ausmaß ihres Handelns plausibel macht und ihnen Alternativen zeigt.

Bis weit in ihr Erwachsenenalter benötigen junge Menschen die Unterstützung Älterer, an die sie sich belastbar wenden können. Sie brauchen offene

Herzen und helfende Hände, wenn sie nicht mehr weiter wissen, wenn sie im Leben stolpern und straucheln, wenn sie sich verlassen und allein fühlen, wenn ihnen Ungerechtigkeit oder Unheil widerfährt und schließlich dann besonders, wenn sie ihre Grenzen nicht kennen.

Menschenkinder können so bezaubernd, entzückend, hinreißend, gewinnend, liebenswert, experimentierfreudig und kreativ sein, dass uns das Herz aufgeht. Sie können aber auch garstig oder unausstehlich sein, grenzüberschreitend und herausfordernd im Sozialkontakt, z.B. wissentlich ordinär und schamlos, boshaft und rabiat, heimtückisch, verschlagen, widerspenstig und trotzig, übelwollend und unverschämt, im Extremfall sogar selbstverletzend, kriminell und gemeingefährlich. Tief im Innern sehnen sich diese Kinder nach Unterstützung durch ältere, wissende Menschen. Das fordern sie auf paradoxe Art und Weise geradezu ein. Wenn Kindern im Leben schon schlimme Dinge widerfahren sind, dann ist es eine originär pädagogische Aufgabe, ihnen verantwortungsvoll und überlegen beizustehen.

Konfrontation kann erheblich dazu beitragen, dass betroffene Kinder oder Jugendliche
- in Kontakt mit ihren Gefühlen kommen,
- das Ausmaß ihres begangenen Unrechtes erkennen,
- Alternativen zu bisher bevorzugten, sozial unverträglichen Verhaltensweisen kennenlernen,
- sich einem Täter-Opfer-Ausgleich stellen und
- dafür schließlich Anerkennung und Aufwertung erhalten.

Pädagogische Konfrontation bedeutet im Kern die schonungslose Zumutung eines wahren Sachverhaltes. Ich weiß aus mehreren hundert Veranstaltungen mit Angehörigen pädagogischer Berufe, dass es diese „Schonungslosigkeit" ist, die sozial empathisch empfindende Pädagogen gern scheuen. Ihre große Befürchtung ist, in der Folge für feindselig gehalten zu werden. Ihre Befürchtung ist unbegründet. Für ein wahres Wort sind gerade jene Jugendlichen dankbar, an denen langjährige moralische Appelle nach dem Motto „Überleg doch mal" und „Wenn du meinst" erfolglos abgeprallt sind.

Konfrontation kann bedächtig und sachlich vorgetragen werden. „Es ist etwas geschehen, das in dieser Schule nicht toleriert wird", oder „Du hast etwas angerichtet – mach es wieder gut". Konfrontation darf aber auch emotionale Färbungen mit Ausdruck moralischer Empörung haben: „So etwas tut ein guter Junge einfach nicht." „Gerade von dir hätte ich das nicht gedacht." Die Emotionen dürfen auch gezielt durch den Einsatz von Stimme („Theaterdonner") gesteigert werden: „Was nimmst du dir heraus?" „Das hast du dir erlaubt?" „Sag, dass das nicht wahr ist."

Den folgenden Fall habe ich einmal exemplarisch zu Fortbildungszwecken ausführlich dokumentiert. Wegen der nachvollziehbaren Systematik des Vorgehens kann er als exemplarische Vorlage für die Lösung ähnlich gelagerter Fälle verwendet werden. Es handelt sich um die Bearbeitung eines Gruppen-Mobbings „allein gegen alle".

Die Interventionen folgen abgestimmten Strukturen. Ausgangssituation: Die Mutter der Schülerin Leonie erklärt im Sekretariat, ihre Tochter solle die Schule wechseln, denn in ihrer Klasse werde sie von allen schikaniert.

- Ich ziehe Leonie hinzu und frage genau nach, durch wen sie schikaniert werde. Leonie nennt fünf Namen. Es sind also nicht „alle", aber die nun namentlich bekannten Mobber sind schon heftig.
- Ich fordere die Mutter auf, im folgenden Klärungsprozess anwesend zu bleiben, dabei meine Gesprächsführung zu respektieren und sich nicht einzumischen. Die Mutter sagt ihre Zurückhaltung zu.
- Ich schreibe jeden Namen auf eine Karte und fordere Leonie auf, eine Reihenfolge festzulegen: Wer ist am schlimmsten (Nummer 1), am zweitschlimmsten usw., wer ist am wenigsten schlimm (Nummer 5)?
- Ich hole die notierten Schüler aus der Klasse vor mein Büro. Nacheinander müssen sie sich mit Leonies Leid auseinandersetzen.
- Erster Gesprächspartner ist der Junge oder das Mädchen, das als am „wenigsten schlimm" dargestellt wird, die Nummer 5. Nummer 5 ist sehr schnell schuldeinsichtig, entschuldigt sich bei Leonie, begründet ihr Verhalten in der Regel damit, dass sie ja selbst Angst habe vor der Nummer 1. Nummer 5 entschuldigt sich herzergreifend bei Leonie und versichert, in Wirklichkeit sei sie ihre Freundin. Mit Leonie und ihrer Mutter zusammen bedaure ich, dass Leonie davon in den vergangenen Tagen nichts merken konnte, bedanke mich jedoch auch für ihre Einsicht und fordere sie auf, bei den folgenden Gesprächen anwesend zu bleiben. Ich zeige Nummer 5 auch die Karten mit den Namen derjenigen, die Leonie als Beteiligte geschildert hat. Wir erfahren jetzt durch eine Stimme „von außen", ob die Liste vollständig ist und ob Leonies Einschätzung in der Reihenfolge richtig ist. Gegebenenfalls wird die Reihe der Täter ergänzt oder ausgetauscht.
- Nächster Gesprächspartner ist Nummer 4. Nummer 4 agiert ähnlich wie Nummer 5, hatte auch Angst vor der Nummer 1 und ist mit meiner Unterstützung ebenfalls bereit, sich wieder aktiv auf die Seite der Freundin Leonie zu begeben.
- Nummer 3 wird hinzugeholt und weiß nicht so recht: Beide Seiten sind für sie wichtig: Leonies Freundschaft natürlich, aber doch auch die Freundschaft der Nummer 1. Jetzt wird Konfrontation nötig: *„Jetzt pass mal gut auf: Leonies Mutter sitzt hier, weil ihre Tochter seit Tagen Bauchschmer-*

zen hat, aus Angst vor Nummer 1, und du sitzt hier, bestätigst, dass Nummer 1 es auf die Spitze treibt – und kannst dich nicht entscheiden, auf wessen Seite du jetzt sein musst?" Diese Zusammenfassung genügt in der Regel, damit sich auch Nummer 3 mit Leonie als Opfer solidarisieren kann. Als Leonies Freundin darf auch Nr. 3 bleiben, um den Fortgang des Gespräches mitzuerleben.

- Nummer 2 will keinesfalls die Freundschaft der Nummer 1 verlieren. Leonie stelle sich tatsächlich auch an. Wenn sie nicht so bescheuert wäre, wäre Nummer 1 ja gar nicht erst auf die Idee gekommen, *„Schlampe"* zu sagen, oder *„Die fickt mit jedem"*. Leonie hätte ja auch solche Wörter gesagt wie *„Fick dich selber"*. Das sei schließlich auch unanständig. Leonie weint jetzt. Nummer 5, 4 und 3 haben sie gestärkt, Nummer 2 reaktiviert ihre Angst. Auch hier muss ich konfrontieren: *„Nummer 2, reiß dich zusammen: Du weißt ganz genau, dass Leonie die Nummer 1 nicht angegriffen hat, stimmt's? Hat sie nicht vielmehr reagiert auf das, was ihr zugemutet wurde?"*. Nummer 2 wird unsicher, weil die anderen drei bestätigen, dass es genauso war. Leonies Mutter fragt: *„Was hätte Leonie denn tun können? Hilf ihr doch mal, stell dir vor, du hättest diese Bauchschmerzen jeden Tag."* Auch in Nummer 2 wächst die Empathie; ihr steigen die Tränen hoch. *„Ich würde ihr ja auch helfen, aber dann ist Nummer 1 sauer auf mich."* Ich lobe diese aufrichtige Einlassung. Jetzt sind wir bei den echten Gefühlen. Leonie und die Nummern 5, 4, 3 und 2 beraten sich jetzt schon untereinander, was zu tun sei. Ich kündige an, dass wir nun alle zusammen mit Nummer 1 sprechen. Ich selbst werde anfangen. *„Was wollt ihr im Einzelnen sagen, auch Sie als Mutter? Sprecht euch ab."*

- Nummer 1 hat ein Gesicht zu verlieren. Als sie den Raum betritt, schaut sie ziemlich hochnäsig in die Runde. Leonie weint, kann nicht sprechen, ihre Mutter berichtet von der Angst ihrer Tochter. Nummer 1 schaut mit angespannter Mimik durch das Fenster nach draußen. *„Schau Leonies Mutter an, wenn sie mit dir spricht"*, ermahne ich. Der Augenkontakt fällt sehr schwer. Wir konfrontieren.

  - Nummer 5: „Ich hatte ja auch Angst vor dir, aber ich habe eingesehen, dass ich Leonie unterstützen muss, nicht dich."
  - Nummer 4: „Du warst richtig gemein zu Leonie."
  - Nummer 3: „Ich will auch dein Freund sein, aber sowas darfst du mit anderen in der Klasse nicht mehr machen."
  - Nummer 2: „Ich bin immer noch dein Freund, ganz ehrlich, aber ich finde auch nicht gut, dass du immer sowas Sexuelles sagst, dann schäme ich mich."
  - Ich: „Deiner Ansicht nach müssen wir uns ja Sorgen um Leonie machen, weil sie ‚jeden fickt' – das hast du doch allen erzählt, stimmt's? Hier sitzt

ihre Mutter, die ist für die Erziehung ihrer Tochter zuständig, der wirst du jetzt genau erzählen, was du darüber weißt. "

- Mit jedem Beitrag tritt mehr Unsicherheit in die Körpersprache von Nummer 1, vor allem in die Gesichtsmimik, und auch hier fließen schließlich Tränen – *„Ich geb das ja zu. " „Ich sehe ja ein, dass das nicht richtig war. " „Ich mach das auch nicht wieder. "* Solche und ähnliche Sätze fallen jetzt.

- *„Und wie entschuldigen wir uns an der Schule? "*, frage ich. Täter und Opfer stehen auf, schauen sich in die Augen. Der Täter reicht dem Opfer die Hand und formuliert eine glaubwürdige Entschuldigung. Ob sie tatsächlich glaubwürdig ist, entscheidet in jedem Fall das Opfer. Wenn einer der anwesenden Erwachsenen Zweifel an der Ernsthaftigkeit hat, wird eine Frist vereinbart, zu der alle Anwesenden noch einmal zusammenkommen, um die Versprechungen auf Einhaltung zu überprüfen.

- Absolut wichtig ist jetzt zum Schluss die Phase der Anerkennung und der Wertschätzung für alle fünf, die Leonie und auch ihrer Mutter in den vergangenen Wochen zugesetzt haben. In besonderer Weise gilt das für die Nummer 1: *„Du hast hier tatsächlich etwas Großartiges vollbracht. Noch vor einer halben Stunde hätte ich nicht für möglich gehalten, dass zwischen dir und Leonie eine Versöhnung gelingt. Hut ab. Jetzt bist du ein Vorbild in deiner Klasse. "*

Die abschließende Anerkennungsphase der Erwachsenen wird gerade von Kritikern in ihrer Beurteilung des Verfahrens übersehen oder vernachlässigt. In unserem Konzept ist vorgesehen, dass im Falle einer beleidigenden Äußerung vor der Klasse auch die Entschuldigung vor der Klasse vorgetragen werden muss – in Gegenwart weiterer Erwachsener. Diese Gelegenheit versetzt uns schließlich in die Situation, einen reuigen Sünder öffentlich mit Lob und Preis zu wertschätzen, etwa:

> „Das hast du wirklich gut hingekriegt, Manuel. Super. Gestern hätte keiner von uns gedacht, dass du in der Lage bist, dich bei deiner Englischlehrerin zu entschuldigen. Heute hast du es getan, und sogar vor deiner Klasse. Das war Spitze, Manuel." Die Klasse applaudiert.

Ich habe mit dem Verfahren länger als 20 Jahren an Schulen gearbeitet. Natürlich knicken die Täter nicht sofort ein, wenn man sie mit ihrer Schuld konfrontiert. Gerade die coolen, erfahrenen Härtefälle gehen erst mal in den Gegenangriff über: *„Schreien Sie mich nicht so an, ej. " „Das brauche ich mir auch nicht gefallen lassen. " „Sie können mir sowieso nichts beweisen. "* Einen Bully mit lauter Stimme zur Ordnung zu rufen, ist aber nicht dasselbe wie die zu Recht als feindselig inkriminierte Schreipädagogik aus der Abteilung „Schwarze Pädagogik". Schüler, die eine konfrontierende Ansprache bis zum Ende erlebt haben, teilen vielmehr mit: *„Ich habe gemerkt, dass ich wichtig bin. Sie haben sich für mich angestrengt. Sie hätten sich ja gar nicht mit mir abgeben brauchen."*

Konfrontative Pädagogik ist in den vergangenen Jahren leider auch durch Fachleute in Misskredit geraten. Angeblich verletzen konfrontativ arbeitende Pädagogen die Menschenrechte der Kinder. Völlig vernachlässigt wird in diesen Argumentationen „das Recht des Opfers auf Bestrafung des Täters", wie seinerzeit Jan Reemtsma in seinem gleichnamigen Vortrag ausführte. Während die Gegner der Konfrontationspädagogik unterstellen, dass es den Ausführenden um ihre ungesteuerte Affektentladung gehe, unterschlagen sie das hohe Maß an Wertschätzung, was wir auch Tätern entgegenbringen. Unsere Faustformel lautet: 80 Prozent Wertschätzung plus 20 Prozent Konfrontation ermöglichen Entwicklung.

Zusammenfassung

Wann immer ein Schüler oder seine Eltern Beschwerde führen, müssen wir dem Vorwurf nachgehen. Auch Hausmeister und Reinigungskräfte, Sozialpädagogen und Erzieher, Mensapersonal, Sekretärin oder Praktikanten können Betroffene sein oder Hinweise geben, wer möglicherweise in der Schülerschaft als Täter agiert oder mit dem Rücken zur Wand steht. Die Bearbeitung von Mobbingfällen sollte grundsätzlich mit dem Rang einer Chefsache durchgeführt werden. Dabei gelten die Prinzipien:
- Was schlimm ist – kränkend, demütigend, verletzend o. Ä. –, bestimmt nicht der Täter, sondern sein Opfer.
- Was öffentlich angerichtet wurde, wird öffentlich verhandelt.
- Wer etwas angerichtet hat, kann es wiedergutmachen.

5.9 Rituale für Wiedergutmachung ermöglichen

„Strafe muss sein."
„Versprochen ist versprochen und wird auch nicht gebrochen."
(Kindersprüche)

„Strafen" waren Erziehungsmittel der „Schwarzen Pädagogik", die wir als historisch überkommen ansehen. Strafe ist keine pädagogische, sondern eine juristische Maßnahme. Wenn ein Schüler einen Regelverstoß begangen hat, soll sinnvollerweise eine Konsequenz erfolgen, die im Zusammenhang mit dem Vergehen steht, damit er sich der Folgen seines Verhaltens bewusst werden kann. Eine gute Konsequenz ist alters- und entwicklungspsychologisch angepasst, berücksichtigt also individuell, was ein Täter zu leisten vermag, materiell wie kognitiv.

Eine Konsequenz ist umso wirkungsvoller, je gerechter sie von allen Beteiligten empfunden wird. Schüler übernehmen Verantwortung nicht nur für das, was sie getan haben. Sie sollten auch zur Reflektion darüber angeregt werden, wie sie ihr künftiges Miteinander gestalten möchten. Um die Reflektion der Täter anzuregen, empfehle ich diese Seite im Internet: https:// de.wikihow.com/Wiedergutmachung-leisten

Wer etwas angestellt hat, kann den entstandenen Schaden materiell ausgleichen oder seinem Opfer durch Wunscherfüllung „Genugtuung" zukommen lassen. „Satisfaktion" ist vermutlich die schwierigere Alternative. Die Bereitschaft von Schülern zu Wiedergutmachung ist ziemlich groß. Die meisten erleben Angst, Feindseligkeiten oder Streit als Stressfaktoren, die sogar ihren Schulerfolg beeinträchtigen können. Eine Auseinandersetzung konstruktiv beenden zu können, vermittelt Gefühle von großer Erleichterung.

Als Merkmale eines heilsamen Täter-Opfer-Ausgleichs (TOA) können folgende Punkte gelten:

1. Schüler, die Opfer einer Mobbingattacke wurden, stimmen der Durchführung eines TOA-Verfahrens zu. Die Gesprächsführung liegt bei einer pädagogisch verantwortlichen erwachsenen Person, der das Opfer vertraut, etwa ein Lehrer/Erzieher/Sozialpädagoge, im Folgenden „Kommunikationshelfer" genannt.

2. Der Kommunikationshelfer tritt unmissverständlich parteilich für das Mobbingopfer ein und hilft ihm dabei, das erfahrende Leid in Sprache zu fassen.

3. Die Verantwortlichkeit des Täters ist ausrecherchiert. Er weiß, dass er durch akzeptables Entgegenkommen einen potenziellen Schulverweis verhindern kann.

4. An der TOA-Verhandlung dürfen auch weitere Vertrauenspersonen teilnehmen, Eltern zum Beispiel oder die beste Freundin/der beste Freund,
Buddies, Streitschlichter, Schülersprecher o. Ä.
5. Wer an der Verhandlung teilnimmt, akzeptiert, dass die Gesprächsleitung
beim Kommunikationshelfer liegt. Dieser strukturiert das Gespräch, erteilt oder entzieht Rederecht. Er darf auch Personen ausschließen, die sich
an zuvor transparent gemachte Regeln nicht halten.
6. Der Täter muss seinem Opfer zuhören, wenn dieses sein erlittenes Leid
noch einmal darstellt. Dabei ist gegenseitiger Blickkontakt erwünscht.
7. Der Täter wird aufgefordert a) eine Stellungnahme und b) ein Ausgleichs-
angebot als Konsequenz für das zugefügte Leid abzugeben. Ob das Angebot akzeptabel und glaubwürdig ist, entscheidet das Opfer. Es ist aber
von seinem Kommunikationshelfer dahingehend beraten worden, dass es
seinem Peiniger die Versöhnung nicht zu leicht machen darf.
8. Der Ausgleich für das Opfer muss anlassbezogen zugeschnitten sein.
Kreativität ist ausdrücklich erwünscht.
9. Eine glaubwürdige Entschuldigung ist unumgänglich: *„Ich habe einen
schweren Fehler begangen. Es ist unverzeihlich/Das hätte ich nicht tun
dürfen. Aber ich hoffe, dass du mir eine zweite Chance gibst … Ich werde
dir beweisen, dass ich ein guter Freund sein kann"* o. ä.
   a) Wenn etwas zerstört wurde, kann es wichtig sein, dass der Schaden fi-
   nanziell ausgeglichen wird.
   b) Wenn es um die Verbreitung von Gerüchten geht, Herabwürdigung
   durch Zuschreibungen/Schimpfwörter/"name-calling", hat sich der
   Zusatz bewährt *„… und ich werde dich gegenüber jedem in Schutz nehmen, der noch sowas zu dir sagt."*
   c) Wenn es um die Verbreitung von Bildern/Texten in sozialen Netzwerken geht, hilft die Aktion *„… und ich werde diese Filme/Texte/Bilder sofort löschen. Du kannst dich überzeugen."*
10. Üblich ist schon seit Jahren, Briefe zu schreiben, Klassendienste zu übernehmen, Nachhilfe anzubieten, einen Kuchen zu backen, einen Blumen-
strauß zu kaufen, ein Computerspiel auszuleihen, zusammen ins Kino zu
gehen oder zusammen einen Abenteuerspielplatz zu besuchen.

Dass man ihm „sowieso" nicht glaubt, ist die größte Angst des Mobbing-
opfers. Deshalb dauert es erfahrungsgemäß auch recht lange, bis ein Opfer
bereit ist, sich Hilfe zu holen: *„Aber so schlimm war das doch gar nicht. Mal
wieder typisch Roberto, rumheulen und übertreiben …"* Noch einmal: Was
belanglos und was bedeutend ist, bestimmen die Opfer, nicht die Täter.

Zusammenfassung

Im Laufe der Aufarbeitung dürfen Opfer dann erleben, dass Täter von ihnen abgelassen haben, weil die Schule weder ihrem Dementi noch ihren Rechtfertigungen folgt, sondern dem ausgegrenzten Mobbingopfer Glauben geschenkt hat.

Nach der langen Phase lähmender Angst entstehen Glücksgefühle, die emotionale Ausgeglichenheit und Selbstvertrauen befördern. Meine eigene Strategie ist darum, grundsätzlich zu akzeptieren, wenn ein Kind beschreibt, dass es sich in einer ausweglosen Mobbingsituation befinde, auch wenn mir die Beschreibung marginal erscheint.

Das TOA-Verfahren kann bei jüngeren wie älteren Schülern mit einem bekräftigenden Handschlag beendet werden. Besonders für Jüngere geht eine gewisse Magie von diesem Reim (Urheberschaft unbekannt) aus:

„Wenn du wirklich bist der Coole,
engagier dich für die Schule.
Lass nicht zu, dass man zerstört,
was zum Wohlfühlen gehört!"

6 „Ja, aber …" – Häufig gestellte Fragen

„Es gibt keine einfachen Lösungen für komplizierte Probleme.
Man muss den Faden geduldig entwirren, damit er nicht reißt."
(Michael Gorbatschow)

Zum Thema „Guter Ton"

Frage:

*„Nach Ihren Unterrichtsregeln müssen die Schüler ihre Käppis abnehmen.
Kommt es denn darauf überhaupt an? Sind Ihre Lehrer denn so wenig überzeugend in Ihrem Unterricht, dass Sie sich an so was hochziehen müssen?"*

Antwort:

Ja, Kollege M., darauf kommt es an und ich meine, wir müssen so kleinlich
sein. In geschlossenen Räumen nehmen männliche Personen in Mitteleuropa ihre Kopfbedeckungen ab. Unsere Schüler sollen in ihrer Schule fürs Leben lernen. Wir sollten sie nicht unbedarft ins Leben entlassen. Gute Manie-
ren – vielleicht ist das ja nur die Kunst, zu gähnen, ohne dabei weit den Mund
aufzureißen oder Kaugummi zu kauen, ohne dass es einer bemerkt – nutzen
immer, das ganze Leben.

Zu den schlimmsten Dingen, die in Elternhäusern geschehen können

Frage:

*„Sie sagen, dass Sie nicht sofort Anzeige erstatten, wenn Sie von einer Kin-
desmisshandlung erfahren. Mir fehlt dafür das Verständnis: Kindesmisshandlung ist ein Verbrechen."*

Antwort:

Ich hatte ähnliche Affekte wie Sie, bis ich in einer Klasse 7 Saschas Bekannt-
schaft machte. Er ist Sohn russischer Aussiedler, ein intelligenter Junge, der,
wäre er in ein anderes Milieu hineingeboren, sicherlich das Abitur geschafft
hätte. Eine Zeitlang schwänzte er die Schule. Seine Eltern wussten nicht,
wo er sich aufhielt. Auch der Schwänzer-Streife von Ordnungsamt und Polizei wäre er nicht aufgefallen, denn Sascha hielt sich gern in der Stadtbü-
cherei auf. Dort las er, was er kriegen konnte. Mit literarischen Charakteren
versetzte er sich in eine Gedankenwelt, die ihn tröstete. Seine Wirklichkeit
war schrecklich. Das Bücherei-Personal glaubte übrigens, er hätte literari-
sche Recherche-Aufgaben für die Schule zu erledigen.

Eines Spätnachmittags platzte Sascha in mein Büro – platschnass. Schluch-
zend erzählte er mir, wie ihn seine Mutter soeben zu Hause behandelt hatte:
erniedrigend, und das nicht zum ersten Mal. Was sie ihm vorwarf, weiß ich

nicht mehr. Aber sie hatte mit dem nassen Scheuerlappen nach ihm geschlagen und einen Putzeimer mit Schmutzwasser über ihn ausgegossen. Ich wollte Sascha sofort in eine Schutzstelle bringen, um von dort aus alles Weitere zu veranlassen. Aber der Junge hörte spontan auf zu weinen und sagte absolut entschlossen: *„Nein. Keine Anzeige. Keine Schutzstelle. Bitte nicht. Ich will nicht schuld sein, dass meine Mutter ins Gefängnis muss. "*

Für uns Lehrer ist die Anzeige bei der Polizei so etwas wie die *ultima ratio.* Aber für die Kinder verlängert sich ihr Leid in Gestalt von Skrupeln, moralischen Bedenken, einer Gewissenslast („Was habe ich meinen Eltern angetan?"), die wir in der Schule nicht auffangen können. Deswegen empfehle ich in affektgeladenen Augenblicken trotz aller Aufgeregtheiten, mögliche Wege genau zu prüfen. Dabei sollten wir vor allem auch auf das Ende schauen: Was will ich erreichen? Werde ich mein Ziel erreichen, wenn ich z.B. Anzeige erstatte? Ich könnte ruhigen Gewissens vermelden, meiner Bürgerpflicht nachgekommen zu sein – aber in welche Lage hätte ich das Kind gebracht?

Und nur, um nicht missverstanden zu werden: In der Mehrzahl aller mir bekannt gewordenen Fälle von Kindesmisshandlung habe ich das Jugendamt informiert.

Zu Kinderschutz und Gewaltprävention

Frage:

„Sie reden und schreiben von Opfern – und nichts davon, dass sich die Täterseite den Begriff ‚Opfer' längst als Schimpfwort zu eigen gemacht hat. Wenn ich den einen oder anderen Täter konfrontiere, um sie sensibel zu machen, was sie mit ihrem Opfer anstellen, dann lachen die nur noch. ‚Hat er doch verdient, Kai, das Opfer, ej' und ‚Sie sagen ja schon selber, dass der ein Opfer ist'. "

Antwort:

Durch Jugendsprache ist eine wirklich neue Herausforderung entstanden. Auf jeden Fall ist es richtig, mit Empörung auf die Bedeutungsveränderung zu reagieren, wenn der eigentlich gemeinte originäre Sinngehalt geleugnet wird.

Einen Königsweg kann ich nicht liefern. Vielleicht können wir uns vorübergehend mit dem Fachbegriff *„viktimisieren"* helfen, abgeleitet vom Englischen *„victim",* das Opfer, und gegenüber den Tätern pointiert ausführen: *„Dein Mitschüler wäre kein Opfer, wenn du ihn nicht viktimisiert hättest, Kolja. Du hast ihn zum Opfer gemacht."*

Zum Umgang mit Unterrichtsstörungen

Frage:

„So, wie Sie das Trainingsraumverfahren beschreiben, glauben Sie, dass sich die Schüler mit so einem Laufzettel in den Trainingsraum begeben. An meiner Schule habe ich Kandidaten, die da nie ankommen würden. Die verziehen sich zum Rauchen oder gehen direkt nach Hause. Finden Sie so gesehen das Verfahren nicht auch etwas leichtsinnig/naiv?"

Antwort:

An jeder Schule, an der das Verfahren neu eingeführt wird, gibt es auch diejenigen, die der Lehrerschaft ihre strategische Überlegenheit beweisen möchten. Doch auch sie sollten erleben: Es handelt sich tatsächlich um ein Verfahren, das erfunden wurde, um die Position des Lehrers zu stärken. Denn der entsendende Lehrer verweigert dem Schüler die Rückkehr in seinen Unterricht, solange dieser ihm keinen Rückkehrplan vorlegt.

Den Rückkehrplan muss der Schüler im Trainingsraum unter Aufsicht schreiben. Es gibt seitens der Schule ein Formblatt, das er woanders nicht auftreiben kann. Sobald einem Lehrer Zweifel kommen, ob sein Schüler im Trainingsraum tatsächlich angekommen ist, fragt er dort einfach nach.

Wenn sich Ihr Schüler nicht im Trainingsraum eingefunden hat, wird seine Abwesenheit zudem noch als „unentschuldigtes Fehlen" vermerkt und nach dem diesbezüglichen Modus der Schule abgearbeitet. Sowas spricht sich herum. Für sein punktuelles Vergnügen an einer verbotenen Zigarettenlänge würde sich Ihr Schüler also nur Ärger einhandeln.

Zur Unterrichtsgestaltung

Frage:

„Als Lehrerin habe ich an der Uni und im Referendariat immer nur gelernt, ich müsse meinen Unterricht auf mindestens drei Niveaus vorbereiten, damit jeder Schüler eine Chance hat, mitzukommen. Dann würden Störungen von alleine unterbleiben."

Antwort:

Derartige Beschwörungsformeln nach dem Motto *„Wir müssen doch nur unseren Unterricht optimieren, und schon werden die Störungen unterbleiben"*

126

habe ich in Fortbildungsveranstaltungen vielfach kennengelernt. Sie sind aber nur eindimensional durchdacht und damit ungeeignet, der komplexen Alltagsrealität an Schulen standzuhalten.

Auf einem Urlaubsflug habe ich einmal erlebt, wie eine Flugbegleiterin die Eltern unter den Passagieren durch das Mikrofon mit scharfer Stimme anwies, auf der Stelle zu verhindern, dass ihre Kinder durch die Sitzreihen liefen. Für mich war es beeindruckend, wie die Eltern „parierten" – und tatsächlich ereignete es sich, dass kein Kind schrie, weil es nicht mehr tun durfte, was es wollte. Während einer Führung durch die Bischofskirche einer deutschen Domstadt habe ich erlebt, dass der Fremdenführer meiner Gruppe seinen Vortrag unterbrach, um sich mit fester Stimme an eine andere Touristengruppe zu wenden: *„Sie sind zu laut. Bitte erinnern Sie sich, dass Sie sich in einer Kirche befinden."*

In einer Gesellschaft, in der auch Erwachsene pädagogisch begründete Verhaltenskorrekturen in Alltagssituationen benötigen, dürfen wir in der Schule für Kinder und Heranwachsende schon gar nicht auf Verfahren mit ordnungsstiftenden Strukturen verzichten. Sie sollten auf das System Schule bezogen, von der Schulgemeinschaft verfasst und beschlossen sein. So müssen sich Lehrer nicht täglich neu auf die Suche nach geeigneten Interventionsstrategien begeben.

Zur Demokratie und Interkulturalität

Frage:
„An mehreren Stellen weisen Sie daraufhin, dass wir zurzeit eine hohe Quote von Schülern aus arabischen Ländern an unseren Schulen haben. An anderen Stellen verweisen Sie auf die Notwendigkeit von Blickkontakt in kribbeligen Situationen. In arabischen Ländern gilt es aber doch als respektvoll, den offenen Blick zu meiden. Wie kriegen Sie das denn zusammen?"

Antwort:
Wir bilden die Schüler an deutschen Schulen aus und machen sie vertraut mit mitteleuropäischen Werten und Gewohnheiten. Dazu gehört,
• dass sie in der Mensa mit Messer und Gabel essen,
• dass sie ihr Essen auch aus der Hand einer Frau entgegennehmen müssen, die nach ihren Vorstellungen unziemlich bekleidet sein kann,
• dass männliche Personen in geschlossenen Räumen ihre Kopfbedeckungen abnehmen
• und dass Polizisten unbestechlich sind.

Wenn wir den Kindern und Jugendlichen in der Schule nicht vermitteln würden, dass der offene Blick hierzulande ein Zeichen von Offenheit, Ehrlichkeit, Höflichkeit und Respekt ist, würden sie mit ihrem schamhaft gesenkten
Augenlidern in jedem beruflichen Vorstellungsgespräch scheitern.

Wenn Sie mich jetzt noch fragen, ob wir so gesehen für muslimische Mädchen nicht auch ein Kopftuch- bzw. Verschleierungsverbot verhängen müssten, würde ich Ihnen zustimmen. Als in den 1970er-Jahren die ersten musli-
mischen Mädchen aus der Türkei an deutschen Schulen angemeldet wurden,
trug keine einzige ein Kopftuch. Es war an türkischen Schulen generell untersagt. Das Kopftuch für Mädchen zog erst in den 1980er-Jahren an unseren
Schulen ein, nachdem deutsche Muslima Gerichtsentscheidungen herbei-
geführt hatten, die dem Kopftuch den Rang eines religiösen Symbols gaben.

Noch vor kurzem sprach mich die türkischstämmige Schulsozialarbeite-
rin einer Grundschule im Ruhrgebiet an: *„Es ist immer dasselbe mit unseren
Leuten: In den Moscheen erfahren sie, dass die ungläubigen Deutschen un-
moralisch sind, und wie sie in Deutschland profitieren können. Das nutzen
sie aus: Mitbestimmungsrechte für die Eltern. Wie sie damit umgehen sollen, sagt ihnen der Hodscha: Keine Beteiligung an Klassenfahrten, Bildung
ist nicht wichtig ....“*. Ihre Conclusio: *„Warum schreibt Ihr Eure Gesetze nicht
endlich eindeutig? Dann könnten wir in der Schule sagen: Klassenfahrt? Du
musst dein Kind schicken! Kopftuch? Das erlaubt die Schule nicht.“*

Zum Umgang mit Grenzverletzungen

Frage:
*„Sie tun so, als wäre der ‚Unsinn‘, den Kinder deutscher oder ausländischer
Herkunft auf Schulhöfen treiben, mit vergleichbaren Mitteln zu begegnen.
Ich kann das nicht akzeptieren; denn die Prügeleien auf Schulhöfen haben
zugenommen, seit wir all die kleinen Jungs aus arabischen Ländern aufge-
nommen haben. Die treten auf wie ‚Mir-graut-vor-nix‘.“*

Antwort:
In ihrem jeweiligen Kulturkreis haben die Jungen gelernt, sich so zu verhalten. Wir müssen ihnen ermöglichen, neue Erfahrungen zu machen – mit einem anderen Selbstverständnis und einer anderen Selbstwirksamkeit.

Wenn im Rahmen einer demokratisch entwickelten Schulkultur Partizipa-
tion verankert ist, bleibt es nicht dem Zufall überlassen, dass sich Kinder und
Jugendliche als selbstwirksam erfahren können, ohne sich als Sieger in eine
Eskalationsschraube der Gewalt zu begeben. Wenn Sie Ihre Schüler anhal-

ten, schon abwertende Gesten und herabsetzende Sprache zu vermeiden, wird umso deutlicher, dass körperliche Gewalt ein absolutes No-Go darstellt.

Noch einmal sei hier gesagt: Grenzverletzende Schüler können sich nicht auf ein demokratisch garantiertes Recht auf Meinungsfreiheit berufen. Aber jede Schule muss auch unmissverständlich deutlich machen, wo die roten Linien verlaufen. Das ist tatsächlich umso nötiger, je liberaler sich eine Schule definiert:

- Sexuelle Übergriffe,
- Misshandlungen jeglicher Art – nicht nur körperliche Gewalt –, vielmehr jede Aktivität, die zur Abwertung einer Person beiträgt sowie
- Ungleichbehandlungen der Geschlechter

haben mit demokratischen Haltungen nichts zu tun!

Zur Thematik einer neuen Spiegelstrichpädagogik

Frage:

„Eine spezielle ‚Ausländer- oder Flüchtlingspädagogik' brauchen wir nicht? Aber jetzt machen Sie mal einen Punkt. Bei dem ganzen Theater, was wir hier schon gehabt haben, wie die kleinen Brüder die großen Schwestern behandeln. Kommen Sie denen mal mit Gleichberechtigung und Gewalttabu, die lachen uns ja aus. "

Antwort:

Die Themen, die Sie ansprechen, lauten „Auslachen", „Gleichberechtigung" und „Gewaltverzicht". Wenn Unterdrückung und Gewalt zum Kulturgut der Herkunftsländer gehören, müssen wir sehr aufmerksam sein und uns miteinander für die demokratischen Werte der bundesrepublikanischen Zivilgesellschaft stark machen. Hier ist die Zivilcourage von uns Erwachsenen in der Schule gefragt, Schulsekretärinnen, Lehrkräfte, Hausmeister, Reinigungspersonal, die Schulleitung selbstverständlich vorneweg: Wenn sichtbar wird, dass Neubürger unsere europäischen Werte aufs Spiel setzen, müssen wir sie ohne zu zögern verteidigen. Denn Demokratie, Frieden, Freiheit, Gleichberechtigung u. Ä. dürfen nicht verwässert werden. Ich betone ausdrücklich: Für Unterdrückung und Gewalttaten darf es weder Empathie noch Toleranz geben.

Was an vielen Schulen noch fehlt, ist eine abrufbare Gruppe sprachkundiger Vermittler. Aber eine neue „Schulpädagogik" muss deswegen nicht verfasst werden. Unser Grundgesetz, die Menschenrechte und Bezugserlasse der Schulgesetze geben uns längst den nötigen Handlungsspielraum.

7 Nachwort

„Wenn wir es unterlassen, die Regelverstöße unserer Schüler zu sanktionie-ren", sagte mir mal ein geschätzter Kollege, *„dann markieren wir doch un-sere Unentschlossenheit und präsentieren uns nur armselig. Wenn unsere Schüler dann glauben, sie können machen, was sie wollen, ist das noch nicht mal unintelligent."* Ich stimme ihm bis heute aus vollem Herzen zu und er-gänze: Eine „Gute Schule" weiß das und handelt entsprechend. Für die gu-ten Konzepte wurde „meine Schule", die Karlschule in Hamm/Westf., 2018 für den Deutschen Schulpreis nominiert.

Bei der Bedarfsermittlung und der Suche nach Lösungen in herausfor-dernden Situationen war es in meinen letzten Berufsjahren u. a. die Botschaft des Psychologen Haim Omer aus Tel Aviv, die uns zu pädagogischem Han-deln anregte und ermutigte.

Zur Erbauung meiner Leserschaft – vielleicht auch zu ihrem Trost – zitiere ich noch abschließend aus meinen Notizen, die ich mir 2004 bei seinem Vor-trag in der Uni Osnabrück machen konnte:

„Der wichtigste schwächende Faktor bei Lehrern ist ihre Einsamkeit. Leh-rer arbeiten allein vor der Klasse und fühlen sich allein. Lehrer ist der Beruf mit der größten Burn-out-Rate. Die Gründe: Unzufrieden sein mit der berufli-chen Rolle, Stress, psychosomatische Probleme, Schwierigkeiten im Umgang mit anderen Lehrern. Lehrer ist ein sehr schwieriger Beruf und die Einsam-keit spielt eine große Rolle.

Die Einsamkeit entsteht nicht nur, weil Lehrer allein vor der Klasse ste-hen. Es gibt im Berufsstand der Lehrer weit weniger Solidarität als z. B. unter Handwerkern. Die Einsamkeit wird dadurch vertieft, dass Lehrer heute einen in der Gesellschaft wenig geschätzten Beruf ausüben.

Lehrer zu karikieren, ist eine gesellschaftliche Beschäftigung; auch Gräu-elgeschichten über Lehrer zu erzählen, sie zu verschmähen oder sie zu ver-spotten. Lehrer sind Objekte ständigen Argwohns. Die einzigen Verbünde-ten, die sie haben sollten, sind die Eltern der Schulkinder und die anderen Lehrer in der Schule. Sie sollten es sein, aber sie sind es nicht. Da Lehrer be-argwöhnt werden, haben Eltern zu wenig Unterstützung, ihre Kinder als ein wertvolles Mitglied unserer Gesellschaft zu sozialisieren.

Was alles noch ärger macht: Lehrer beargwöhnen die Eltern. Der Argwohn führt zu gegenseitiger Schwächung. Die Folge ist: Eltern und Lehrer werden gegenüber Kindern und Jugendlichen klein gemacht und marginalisiert. Das führt zur Herrschaft der Rabauken in der Schule.

Wenn die Stimme des Lehrers in der Schule nicht in Lage ist, die Regel zu de-finieren, gehört die Stimme nicht den Kindern, sondern den Rabauken, die bestimmen, wer erniedrigt, verschmäht, isoliert, verhauen, gequält wird. Und schließlich überspitzt: Sie bestimmen, welcher Lehrer in ein psychiatrisches Krankenhaus eingeliefert wird.

Wir haben keine Wahl: Wir müssen Eltern und Lehrer unterstützen. Wir müssen positive Autorität stärken. "

8 Literaturverzeichnis

Balke, Stephan; Hogenkamp, André (2000): Drei Regeln reichen aus, Friedrich Jahresheft, Friedrich Verlag: Seelze.

Bartscher, M.; Bosshammer, H.; Kreter, G.; Schröder, B. (2010): Bildungs- und Erziehungspartnerschaften. Rahmenkonzeption für die konstruktive Zusammenarbeit mit Eltern an Ganztagsschulen, Hrsg.: Institut für Soziale Arbeit e.V. in Münster.

Das Trainingsraum-Programm: www.trainingsraum.de (Zugriff am 19.03.2019 um 15.59 Uhr).

Dreikurs, Rudolf; Stoltz, Vicky (^{21}2017): Kinder fordern uns heraus. Wie erziehen wir sie zeitgemäß?, Klett Cotta: Stuttgart.

Elschenbroich, Donata (2001): Weltwissen der Siebenjährigen. Wie Kinder die Welt entdecken können, Goldmann: München.

Juul, Jesper (^{14}2009): Grenzen, Nähe, Respekt. Auf dem Weg zur kompetenten Eltern-Kind-Beziehung, Rowohlt: Hamburg.

Kast-Zahn, Annette (^{4}2007): Jedes Kind kann Regeln lernen, Gräfe und Unzer: München.

Kühn, Lotte (Pseudonym für Gerlinde Unverzagt) (2005): Das Lehrerhasserbuch. Eine Mutter rechnet ab, Knaur: München.

Kühn, Lotte (Pseudonym für Gerlinde Unverzagt) (2006): Elternsprechtag: Wie schlimm ist Schule wirklich? Was Eltern, Schüler und Lehrer täglich erleben, Knaur: München.

Mager, Robert (1975): Motivation und Lernerfolg, Beltz: Weinheim.

Neill, Alexander S. (1969): Theorie und Praxis der antiautoritären Erziehung. Das Beispiel Summerhill, Rowohlt: Hamburg.

Olweus, Dan: Mobbing an Schulen – Fakten und Intervention (Forschungszentrum für Gesundheitsförderung an der Universität von Bergen, Norwegen): www.modul100. de/455/files/20100429143652Olweus_BULLYING_IN_SCHOOLS.pdf (Zugriff am 19.03.2019 um 16.03 Uhr).

Omer, Haim; Schlippe, Arist von (^{11}2010): Autorität ohne Gewalt. Coaching für Eltern von Kindern mit Verhaltensproblemen. „Elterliche Präsenz" als systemisches Konzept, Vandenhoeck und Ruprecht: Göttingen.

Omer, Haim; Streit, Philip (^{2}2016): Neue Autorität: Das Geheimnis starker Eltern, Vandenhoeck und Ruprecht: Göttingen.

Saalfrank, Katharina (^{5}2018): Kindheit ohne Strafen: Neue wertschätzende Ideen für Eltern, die es anders machen wollen, Beltz: Weinheim.

Ständige Konferenz der Kultusminister der Länder in der Bundesrepublik Deutschland (KMK): Gesamtstrategie der Kultusministerkonferenz zum Bildungsmonitoring: https://www.kmk.org/fileadmin/veroeffentlichungen_beschluesse/2015/2015_06_11-Gesamtstrategie-Bildungsmonitoring.pdf (Zugriff am 19.03.2019 um 16.08 Uhr).

Winterhoff, Michael (2008): Warum unsere Kinder Tyrannen werden. Oder: Die Abschaffung der Kindheit, Gütersloher Verlagshaus: Gütersloh.

Ein neuer Ansatz zwischen Psychotherapie und Schulpädagogik

MARCUS DAMM

Guter Unterricht braucht Beziehungen

Schemapädagogik – ein Ansatz zum Umgang mit verhaltensauffälligen Schülern

16 x 23 cm, 229 Seiten + Downloadmaterial

ISBN 978-3-7727-1196-1

€ 24,95

Unterrichtsstörungen sind ein weit verbreitetes Phänomen, mit dem viele Lehrende täglich konfrontiert sind. Der Band eröffnet Einblicke in typische Lebensthemen von Lehrenden, die die Unterrichts- und Beziehungsgestaltung beeinflussen können. Er zeigt effiziente Möglichkeiten, konstruktiv mit typischen Unterrichtsstörungen umzugehen, und führt ein:

- in die Grundlagen schemapädagogischen Denkens und Handelns und
- in die Psychologie von Heranwachsenden mit narzisstischer, antisozialer, passiv-aggressiver und Borderline-Struktur.

So können Sie tiefgründige Konflikte besser verstehen, Widerstände auflösen und Beziehungen zwischen Lernenden und Lehrenden verbessern.
Mit zahlreichen Materialien und Methoden für Ihren Unterricht.

Fachbuch

Alle Preise zzgl. Versandkosten, Stand 2019.

Unser Leserservice berät Sie gern:
Telefon: 05 11/4 00 04 -150
Fax: 05 11/4 00 04 -170
leserservice@friedrich-verlag.de

www.klett-kallmeyer.de

Ohne Worte im Unterricht kommunizieren

MARTIN KRAMER

Aufstellungsarbeit im Klassenzimmer

Nonverbale Kommunikationssysteme – ein stiller Paradigmenwechsel

16 x 23 cm, 122 Seiten

ISBN 978-3-7727-1356-9

€ 17,95

Jeder kennt nonverbale Kommunikation: Das Heben des Armes in der Schulstunde bedeutet *„Ich möchte etwas sagen!"* – oftmals ist damit bereits der gesamte bewusste und professionelle Einsatz nonverbaler Kommunikationstechniken ausgeschöpft. Leider. Denn Zeichensprache und Aufstellungsarbeit eröffnen ein riesiges Potential an pädagogischen und didaktischen Möglichkeiten für Schule und Unterricht.

Konkret und praxisnah erläutert dieser Band, wie das Klassenzimmer zum nonverbalen Spielfeld wird. Sie benötigen keine spezielle Technik oder Vorbereitung. Die Umsetzung gelingt spontan – alles ohne Worte.

Alle Preise zzgl. Versandkosten, Stand 2019.

Fachbuch

Unser Leserservice berät Sie gern:
Telefon: 05 11/4 00 04 -150
Fax: 05 11/4 00 04 -170
leserservice@friedrich-verlag.de

www.klett-kallmeyer.de

Klett | Kallmeyer

Unter **www.friedrich-verlag.de** finden Sie Materialien zum Buch als Download.
Bitte geben Sie den achtstelligen Download-Code in das Suchfeld ein.

DOWNLOAD-CODE: | **d31320rk**

Hinweis:

Das Downloadmaterial enthält die vier Arbeitsmaterialien (M1–M4), die im Buch auf den Seiten 49, 50, 51 und 112 abgebildet sind.

Als Käufer des Buches (ISBN 978-3-7727-1320-0) sind Sie zum Download dieser Dateien berechtigt. Weder die gesamten Dateien noch einzelne Teile daraus dürfen ohne Einwilligung des Verlages an Dritte weitergegeben oder in ein Netzwerk gestellt werden. Dies gilt auch für Intranets von Schulen und sonstigen Bildungseinrichtungen.

Der Verlag behält sich vor, gegen urheberrechtliche Verstöße vorzugehen.

Haben Sie Fragen zum Download? Dann wenden Sie sich bitte
an den Leserservice der Friedrich Verlags GmbH.
Schreiben Sie uns oder rufen Sie uns an!

Sie erreichen unseren Leserservice
Montag bis Donnerstag von 8 – 18 Uhr
Freitag von 8 – 14 Uhr
Tel.: 05 11/4 00 04-150
Fax: 05 11/4 00 04-170
E-Mail: *leserservice@friedrich-verlag.de*

Wir freuen uns über Ihre Rückmeldungen und helfen Ihnen gerne weiter!